Era Uma Vez

...mas não erra de novo!

Fernando Lanzer

Jussara Pereira de Souza

Publicado com o apoio de
LCO Partners BV
Meester F. A. van Hallweg 23
1181ZT – Amstelveen
Holanda

Era uma vez... mas não erra de novo!

Primeira impressão novembro 2015

ISBN-10: 1517368472
ISBN-13: 978-1517368470

Desenho da capa feito por ambos

Dedicado a

Nossas filhas

Alice De Marchi Pereira de Souza

Ana Paula Pereira de Souza

Bruna Pereira de Souza

Carolina De Marchi Pereira de Souza

que nos ensinaram a corrigir (quase todos) os nossos eros

Índice

Prefácio

Antes de mais nada, se não tu afundas e te afogas. Chamam de prefácio, mas é difícil... Quem conta um conto aumenta um ponto, diz o ditado, e temos aqui vários contos de réis (e de plebeus). Esperamos (sentados, é claro) que esses textículos possam servir de inspiração e piração, para me-ditar e eu escrevo.

Errar é humano; perdoar é divino; mas se você gastar a borracha toda antes de precisar apontar o lápis de novo, está exagerando... Era uma vez, mas não erra de novo... pois a vida é curta. Curta, pois, a vida; ela poderá ser comprida ou curta, mas que seja larga ao invés de estreita e bitolada.

A vida é séria demais para ser levada a sério.

Dê esse livro de humor ao seu amor: poderá se divertir um pouco antes de ficar louco. A gente ganha pouco, mas se diverte. Ofereça esse livro sem temor: ele não contém glúten, nozes, nem transgênicos e muito menos gorduras saturadas.

Alguns assuntos são tratados com seriedade; outros com hilaridade; e outros tantos, aos prantos. Nossa intenção é provocar a reflexão; mas sem ricochete.

Para mudar o mundo, basta uma alavanca e um ponto de apoio. Que as ideias do leitor sirvam de alavanca e que nossos textos sejam o ponto de apoio. E que possamos todos nos divertir um pouco enquanto mudamos o mundo.

Aproveite e compartilhe; com seus amigos, por amor; com seus inimigos, só de raiva. Ajude a aumentar nossas vendas, mas sem nos tapar a visão. E lembre que um gerente de vendas não enxerga.

Os capítulos deste livro são bem diversos, mas são todos de prosa e não de poesia. A maioria deles são bastante sérios e convidam os leitores a pensar, de forma crítica e ao mesmo tempo construtiva, sobre a realidade que nos cerca e a realidade dentro de cada um.

Usamos o humor como tempero, aqui e ali; mas com moderação. Você verá que metade do humor de todo livro está concentrada nesse prefácio; a outra metade está dispersa em pitadas, colocadas em alguns dos artigos e totalmente ausente, em outros. Um pouco de humor ajuda a digestão; humor demais é demasiado.

Aproveite o que oferecemos. Use e abuse, mas de forma responsável.

Cresça e apareça; volte sempre. E, como dizem os americanos: *turn yourself!*

GESTÃO TRANSCULTURAL

1. Dimensões da Cultura: uma discussão introdutória da complexidade cultural

Apresento aqui alguns conceitos básicos que, espero, sejam instigadores aos leitores deste artigo, numa busca de aprofundamento sobre a complexidade do que se pode chamar o estudo das diferenças culturais. Para aqueles que se interessam em conhecer e entender culturas diferentes da sua própria e com isso desenvolver suas competências para lidar com o desafio do que não lhe seja familiar ou não esteja alinhado com seu modo habitual de ser, pensar e agir, este texto pode servir como leitura introdutória. Refere-se 'a base conceitual derivada de pesquisas e experiência de campo empreendidas pelo antropólogo e cientista social holandês Geert Hofstede, e ao desenvolvimento e consolidação destes conceitos através da experiência do *ITIM International*, consultoria dedicada ao trabalho no campo intercultural que reúne a equipe ligada ao professor Hofstede, da qual faço parte.

Minha experiência ao longo de mais de 10 anos trabalhando com equipes multiculturais em diferentes países, tem me levado a confiar que esta base conceitual, conteúdo que ajuda no entendimento de talvez 60/70% da complexidade de diferentes culturas, e' um dos mais úteis conhecimentos disponíveis em nosso momento histórico, nesta área. Tem servido de ponto de partida para inúmeros outros estudos e questionamentos e, no trabalho de campo com grupos multiculturais, tem constantemente sido identificado como um real entendimento do que acontece na prática, ajudando pessoas e organizações a melhor compreenderem e lidarem com realidades completamente diferentes das suas.

Hofstede, estudioso das questões de cultura desde quando este tema ainda era raramente discutido globalmente, provou em seus estudos o que empiricamente era sabido, de que as diferenças culturais tem uma influência importante na maneira como indivíduos e grupos se comportam. Ele conduziu uma das maiores e mais completas pesquisas já realizados neste campo, abrangendo em torno de 70 países e mais de 116 mil respondentes. Tornou-se assim, um dos pioneiros no estudo da cultura e as dimensões que identificou são hoje parte da linguagem comum de todos aqueles que trabalham e pesquisam esta área do conhecimento.

Os resultados encontrados por ele levaram a um modelo conceitual onde a cultura é entendida como a programação coletiva de mente humana. Ha um aprendizado em cada cultura, que se refere 'a maneira como as coisas acontecem ali. A despeito da unicidade de cada indivíduo, ele partilha muitos valores em comum que o tornam capaz de entender e se relacionar com outros indivíduos da mesma cultura, com maior facilidade e com um mútuo entendimento até informal, ao passo que a convivência com indivíduos de outras culturas vão exigir dele um esforço maior de entendimento e adaptação, especialmente dos códigos sociais não explícitos, que unicamente os indivíduos pertencentes 'aquela cultura em particular, acessam com facilidade.

As conclusões da pesquisa de Hofstede levaram então à formulação da teoria denominada 5-D (cinco dimensões), onde às quatro primeiras dimensões por ele identificadas se somou uma quinta, identificada depois de um estudo específico nos países asiáticos. De lá para cá, muitos estudos foram realizados pelo próprio pesquisador e por outros estudiosos de cultura, confirmando e enriquecendo seus conceitos. Também uma sexta dimensão relacionada ao modo como as sociedades se permitem ter prazer e ao modo como sentem a felicidade, foi recentemente identificada em novos estudos e no momento esta sendo trabalhada para uqe seja utilizada em treinamento e amplamente divulgada.

Em linhas gerais tais dimensões da cultura estão no substrato das sociedades e se manifestam de maneira diferente em cada país. Na pesquisa, os países apresentaram resultados que foram medidos numa escala de 0 a 100 para cada dimensão, facilitando o estudo comparativo e o entendimento das diferenças entre eles. O ponto médio é considerado 50, e menos do que isto é considerado um escore baixo, enquanto que escores acima de 50 são considerados altos naquela dimensão específica. Não há medida de valor aqui, pois por exemplo uma escala baixa em uma dimensão como distância de poder (que veremos logo a seguir), pode significar maior igualdade entre as pessoas daquele país. Portanto, tais escalas servem não para dar valor e sim para tentar explicar o substrato por trás de uma dada cultura.

Também estas dimensões não podem ser vistas

isoladamente. A sua combinação dinâmica aliada à história, geografia, economia, religião e outros aspectos típicos de um país, é que traçam sua fotografia única. Contudo que possa haver similaridades em escores iguais, um escore semelhante pode ser expresso de forma bem distinta em cada pais onde ocorre.

Vejamos aqui um rápido resumo das cinco dimensões e algumas de suas implicações:

Distância de poder - entendida como o grau em que as pessoas numa determinada cultura aceitam que o poder esteja distribuído de forma desigual. Aspectos como autoritarismo, respeito à hierarquia, privilégios a quem detém poder e chefias inacessíveis, são exemplos típicos de uma cultura com alta distância de poder, como é o caso da brasileira. Na cultura holandesa ou americana, por exemplo, onde os escores indicam baixa distância de poder, as desigualdades sociais são minimizadas, os chefes costumam ser mais acessíveis e a hierarquia é uma desigualdade mais de papéis do que estrutural entre as pessoas. A maior parte dos países asiáticos, árabes e sul-americanos apresentam escores altos nesta dimensão. Os chefes em países com alta distância de poder gostam de ser reverenciados, tratados com especial deferência e, quando junto com seus subordinados, tendem a se sentir pouco à vontade se tratados da mesma forma que estes, sem algo que sinalize sua posição normalmente sentida como "superior".

Individualismo x Coletivismo – Nas sociedades onde o escore de individualismo é alto, as pessoas tendem a cuidar especialmente de si mesmas e de sua família mais próxima. É comum que busquem autonomia, expressem suas opiniões sem subterfúgios e esperem que padrões sejam igualmente aplicados a todos. Países como Inglaterra, Canada, Suécia e Noruega são alguns exemplos de sociedades individualistas, enquanto que Brasil e China representam exemplos de países coletivistas, com baixo escore em individualismo, significando que há maior necessidade das pessoas de pertencerem a grupos ou coletividades que devem cuidar delas em troca de sua lealdade. Nestas sociedades há padrões diferentes para quem é do grupo e quem não, há uma forte consciência do "nós" em contraposição a uma forte consciência do "eu" nos países individualistas. Há também uma consciência grande de obrigações para com a família, o grupo e a sociedade (cuidar dos mais velhos, sustentar os filhos até o casamento...). Nos países coletivistas o relacionamento vem em primeiro lugar, antes da tarefa, enquanto em países individualistas, vai-se direto para a tarefa e o relacionamento fica em segundo plano. Também a comunicação tende a ser muito mais direta nos países individualistas do que nos coletivistas, onde em geral uma longa explicação do contexto precede o chegar ao cerne da conversa. Ainda nas culturas coletivistas, desenvolver confiança vem sempre antes de partilhar opiniões consideradas relevantes.

Masculinidade x Feminilidade – Diferente de gênero, o conceito aqui se refere à masculinidade como envolvendo valores dominantes de realização e sucesso na sociedade e feminilidade como valores dominantes de cuidar dos outros e obter qualidade de vida. Um exemplo de cultura extremamente feminina, a Suécia apresenta o mais baixo escore em masculinidade na pesquisa enquanto, por exemplo, o Japão e os Estados Unidos apresentam escores altos nesta dimensão. Isto significa, entre outros, que em países femininos trabalha-se para viver e não vive-se para o trabalho, há também uma forte preocupação com a qualidade de vida e com o bem estar dos demais, através de valores e ações que assegurem por exemplo: segurança, qualidade ambiental, direito à saúde. Há grande simpatia pelos desafortunados. No Brasil os escores estão na média, levando a convivência tanto de fatores mais voltados para a busca do sucesso e realização como os de busca da qualidade de vida. O Brasil pratica o dito popular de "juntar o útil ao agradável". Trabalhar sim, mas por que não divertir-se também com o trabalho?

Controle da Incerteza – Refere-se ao grau em que as pessoas se sentem ameaçadas por situações ambíguas e criam instituições e crenças para evitar tais situações. As sociedades com baixo escore nesta dimensão, como por exemplo: a Malásia e a Dinamarca, tendem a lidar com o conflito mais abertamente e a considerá-lo parte da vida, tolera-se mais as discordâncias e, quanto menos regras, melhor. Nos países com alto escore de controle da incerteza como, por exemplo: Portugal, a Alemanha, a Coréia do Sul e a maior parte dos países sul-americanos, há uma tendência a evitar conflitos, há necessidade de criar muitas leis, mesmo que precisando também dar um "jeitinho" para lidar com elas. Nestas sociedades, também é grande a busca de estabilidade

16

na vida profissional e pessoal, principalmente em questões financeiras que reforcem a sensação de segurança, como a obtenção da casa própria. O Brasil escora alto em controle da incerteza e um bom exemplo de sua manifestação é o que chamamos "a turma do deixa disso....", que diante de um conflito aberto, instantaneamente surge para apartar a briga.

Orientação de longo prazo – Esta dimensão refere-se à extensão com que uma sociedade exibe perseverança e uma perspectiva pragmática voltada para o futuro, mais do que uma perspectiva normativa e convencional, que termina por ser de curto prazo, uma vez que não ajuda na adaptação aos desafios da sobrevivência de longo prazo. Há uma diferença fundamental também na forma de encarar a verdade. Os países com orientação de curto prazo tendem a buscar descobrir uma verdade absoluta, preto ou branco, enquanto que nos países com orientação de longo prazo, muitas verdades podem coexistir, com uma gama de variações de cinza entre o preto e o branco. China, Vietnam e Japao, por exemplo, têm escores altos nesta dimensão. Também o Brasil, entre outros aspectos, pela perseverança, pragmatismo, adaptabilidade e aceitação de mudanças tem escore alto nesta dimensão.

Outro autor bastante respeitado no campo intercultural e' o ex-aluno de Hofstede, Fons Trompenaars. Ele estudou alguns outros aspectos da cultura como a questão do uso do tempo. Ele refere dois estilos contrastantes de lidar com o tempo, chamando de sequencial 'aquelas culturas onde as pessoas tendem a ter "um caminho crítico planejado com antecedência e com etapas. Eles detestam sair de seu planejamento ou agenda por causa de eventos não previstos". Neste caso, uma tarefa será feita de cada vez e não se espera que a pessoa aja diferentemente. Já no que ele chama de culturas policrônicas, "as pessoas tem um objetivo final e diferentes e intercambiáveis etapas para atingí-lo." Aqui, as pessoas tendem a fazer várias coisas ao mesmo tempo e se espera mesmo que elas façam desta forma.

No Brasil, que tem uma população fruto de miscigenação, como apontam em profundidade Darcy Ribeiro e Roberto Da Matta, pode-se levantar a questão de que a forma de lidar com o tempo tem variações em diferentes regiões. Contudo, existe uma tendência que pode ser reconhecida como policrônica na descrição de Trompenaars, em tratar o tempo com maior flexibilidade e menor rigor do que, por exemplo, nos países de origem anglo-saxões e nórdicos.

Qualquer planejamento e projeto, transações, qualquer relação de trabalho entre diferentes culturas, pode maximizar suas possibilidades de sucesso ou simplesmente evitar uma operação fracassada, se tomarem estes dados de pano de fundo e levarem em consideração as questões que diferenciam e aproximam as culturas.

O Brasil, com sua cultura consideravelmente hierárquica, suas características de coletivista e de forte controle da incerteza, tem um perfil que o aproxima culturalmente dos demais países latino-americanos, mas também da Rússia e de vários países asiáticos, mais do que o aproxima por exemplo dos países anglo-saxões, criando uma enorme perspectiva de que os BRICs (Brasil, Rússia, Índia e China) possam cooperar entre si e trazer ao mundo um diferente equilíbrio de forças econômicas e sociais.

2. O Coletivo Diverso

A globalização trouxe consigo não apenas o tráfego de produtos entre diferentes países no mundo inteiro, mas também o trânsito de pessoas entre todos os países, em caráter temporário e permanente. Cada vez se viaja mais internacionalmente, não apenas para "fechar" negócios do ponto de vista comercial, mas também para gerir negócios e pessoas, prestar serviços e produzir bens através do trabalho conjunto de equipes multiculturais.

Todos nós estamos cada vez mais expostos a interações com pessoas que possuem uma bagagem cultural diferente da nossa; todos nós estamos expostos a sofrer um certo "choque cultural" quando nos deparamos com alguém que age de uma forma contrária à nossa expectativa. Esse "choque" pode ser de baixa voltagem, provocando apenas uma "cosquinha"... ou pode ser de voltagem suficiente para nos tirar do chão e nos derrubar.

Você está pendurando espaguete nas minhas orelhas

Tudo aquilo que é semelhante à nossa própria cultura é visto como "bom" e "certo"; tudo o que é diferente, encaramos como "mau" e "errado". Isso decorre dos nossos valores culturais, aprendidos na infância, que regulam nossa noção do que é certo e errado para toda a vida e influenciam nossa maneira de interagir com outras pessoas no trabalho e em qualquer situação social.

Freud falou em Superego para definir os valores e normas conscientes e inconscientes que influenciam o comportamento dos indivíduos. Jung falou no inconsciente coletivo, aspectos compartilhados por grupos e comunidades de pessoas comungando de valores semelhantes, sem se dar conta. Geert Hofstede pesquisou e quantificou os valores subjacentes compartilhados por distintas culturas, possibilitando uma análise comparativa intercultural mais objetiva.

Hoje sabemos que cultura tem camadas, como uma cebola. Nas camadas mais superficiais e visíveis, estão os símbolos, os rituais e os heróis. Fazem parte dessas camadas mais superficiais a linguagem, as regras de etiqueta, a maneira de vestir, os hábitos alimentares. Pertencem a essas camadas as expressões idiomáticas como essa da Rússia (pendurar espaguete nas minhas orelhas) que se traduz no Brasil como "você está me enrolando".

No centro da cebola cultural estão os valores, que são difíceis de perceber pelo observador desavisado, mas que determinam a maneira como as pessoas interagem no trabalho e em qualquer outra situação, o que é considerado prioritário, porque certas opções são aceitas e outras descartadas sem discussão.

Esses valores constituem o cerne de todas as culturas; eles se referem a seis ou sete dilemas (ou dimensões culturais) que cada grupo social encontra e necessita resolver, de alguma forma. Diferentes grupos oferecem diferentes respostas a esses mesmos dilemas. Medindo essas diferentes respostas, podemos comparar as culturas entre si e melhor entender o comportamento dos seus integrantes.

Cinco dilemas arquetípicos

Distância De Poder (DDP) é o dilema que se refere ao grau de respeito à hierarquia que devemos ter na sociedade em geral. Num extremo estão os grupos que consideram que o poder está desigualmente distribuído em qualquer sociedade e isso é aceito como um dado de realidade. No extremo oposto estão os grupos que consideram que a distribuição de poder deveria ser mais ou menos igual para todos os integrantes de qualquer sociedade. Eventuais diferenças de poder devem ser diminuídas e minimizadas. Ao comparar-se cerca de uma centena de países, através de pesquisas feitas ao longo dos últimos 40 anos, sabemos que as culturas mais hierárquicas do mundo são as da Malásia, da Eslováquia, da Guatemala e da Arábia Saudita. No outro extremo, vemos que as culturas mais igualitárias são as da Dinamarca e de Israel. O Brasil tem um escore de 69, mais próximo dos 104 encontrados na Malásia do que dos 18 encontrados na Dinamarca.

O segundo dilema identificado se refere à dimensão "individualismo versus coletivismo", ou seja: é mais importante assumir responsabilidade individual por suas ações, idéias, emoções e valores; ou será mais importante pertencer a um grupo, ser leal a esse grupo, zelar pela sua harmonia e em troca receber o apoio desse grupo quando necessário. Nessa dimensão, chamada de "Individualismo" (IDV), a cultura que está no extremo individualista é a dos Estados Unidos; as culturas que se destacam no outro extremo são as da Guatemala e do Equador, chamadas de "coletivistas". O Brasil está mais para coletivista, com um escore pesquisado de 38, do que para individualista.

O terceiro dilema arquetípico diz respeito à escolha entre o desempenho, de um lado, e a qualidade de vida e o "cuidar dos outros", no pólo oposto. A cultura mais voltada para o desempenho, em detrimento do "cuidar dos outros" e da qualidade de vida, é a cultura japonesa (escore de 95). No extremo oposto estão as culturas da Suécia e da Noruega. O Brasil tem uma posição intermediária, com escore de 49 nessa escala, chamada de Orientação Para Desempenho (OPD).

O quarto dilema se refere à incerteza e à ambiguidade. Num extremo estão as culturas que tentam evitar esses aspectos através de vários mecanismos sociais; no extremo oposto estão as sociedades que convivem melhor com ambiguidade e incerteza, com menor utilização de mecanismos para controlar esses aspectos. A Grécia, o Uruguai e Portugal se destacam com escores mais altos; Singapura tem o escore mais baixo; e o Brasil tem um escore elevado, de 76 pontos nessa escala chamada de "Controle da Incerteza" (CDI).

O último dilema pesquisado diz respeito ao normativismo/disciplina versus o relativismo/flexibilidade. Se trata da questão entre considerar que normas devem ser sempre observadas de imediato e com rigor, à luz do que é considerado "certo" ou "verdade absoluta" no curto prazo. No outro extremo estão as sociedades que consideram que "tudo é relativo"; as normas precisam ser aplicadas levando em conta suas consequências no longo prazo; os fins justificam os meios; a flexibilidade é mais importante do que a disciplina; a aplicação das normas depende da situação, das pessoas envolvidas, do contexto daquele momento. Esta dimensão foi chamada de Orientação de Longo Prazo (OLP) e o Brasil tem um escore de 65, ou seja, está mais para o lado flexível e relativo do que para o lado rigoroso e normativo.

Use com moderação

O que mais nos interessa, no entanto, é como aplicar o modelo em situações práticas. Como se realizam as reuniões de trabalho em seis culturas diferentes? Como se avaliam candidatos a emprego diante de distintos vieses culturais? Como se comporta um líder de equipe em culturas diferentes? As cinco dimensões básicas são apenas conceitos acadêmicos; na prática, elas interagem entre si e formam seis tipos de culturas distintas e são esses seis tipos que encontramos no nosso dia-a-dia nas organizações. Como melhor motivar as pessoas em cada um desses seis tipos de culturas?

Nos seminários que conduzimos sobre cultura os participantes utilizam um instrumento para identificar seu perfil pessoal de valores culturais e poderem comparar esse perfil com o perfil médio do Brasil e das populações de vários outros países.

Esse mesmo instrumento tem sido útil para discussões intra-grupais sobre interações interpessoais e sobre a formação da identidade do grupo. Tanto o instrumento em si, como o modelo das dimensões culturais são extremamente úteis para aconselhamento individual e grupal; todavia, precisam ser utilizados com moderação e responsabilidade. Todo modelo é, por definição, uma simplificação da realidade. O uso de modelos nos ajuda a entender a realidade, mas não deve jamais ser confundido com a riqueza e a diversidade do mundo real. É preciso sempre manter a mente aberta e cultivar a curiosidade e o respeito ao encontrar cada pessoa. O modelo deve ser usado para entender as pessoas e para desmanchar estereótipos. Não possibilita que alguém possa prever o comportamento do outro, que depende de muitos outros fatores além da cultura. Se forem utilizados de forma responsável, esses modelos e instrumentos podem ser valiosos para entender a dinâmica de diferentes grupos e para ajudar esses grupos a serem mais eficazes e mais gratificantes para seus membros.

3. Cultura, Capitalismo e Comunismo

A questão política mais importante do século XXI não é o dilema entre capitalismo e comunismo. O fracasso de ambos como sistemas político-econômicos capazes de trazer o bem-estar para a maioria da população não se deve às suas características próprias, mas sim aos valores culturais subjacentes às culturas dos países onde esses sistemas foram colocados em prática.

O comunismo não fracassou na União Soviética por ser inviável, em si. Fracassou por causa da cultura russa. Os críticos do comunismo destacam a falta da liberdade individual e a necessidade de se submeter à autoridade de um governo central. Essas são características da cultura russa, que é hierárquica, coletivista, e avessa à incerteza, desde os tempos dos czares até hoje. O comunismo na Rússia foi, antes de tudo, russo. A cultura determinou a história do comunismo na Rússia, assim como continua determinando o que acontece naquele país hoje e continuará a determinar o seu futuro.

O comunismo teve seus abusos, na Rússia. O capitalismo teve e continua tendo seus abusos, nos EUA. Os abusos não decorrem desses sistemas econômicos; decorrem da cultura desses respectivos países. O comunismo não é autocrático; a Rússia é. O capitalismo não é selvagem; os EUA são.

O capitalismo se tornou selvagem, não por características inerentes a esse sistema, mas devido aos valores culturais subjacentes encontrados na cultura dos Estados Unidos e da Inglaterra, principais defensores dessa forma de organizar a economia. Ambas essas culturas são igualitárias, individualistas, voltadas para o desempenho e menos preocupadas com a incerteza. Essa combinação acaba chancelando os exageros do sistema e facilitando que as pessoas se dediquem à exploração dos seus semelhantes.

O debate entre as qualidades e defeitos do comunismo e do capitalismo tangencia o que realmente define os sucessos e fracassos de qualquer regime econômico (e de qualquer regime político): os valores culturais.

Vale destacar que os valores culturais foram pesquisados, mensurados e classificados por análise fatorial, de modo que hoje em dia se pode ter uma discussão objetiva e científica sobre esse tema, que costumava ser apenas objeto de conversas opiniáticas acaloradas. Os valores tocam fundo nas nossas emoções; todavia, graças ao trabalho do Professor Geert Hofstede, da Universidade de Maastricht, e de centenas de pesquisadores que continuam a pesquisar o tema até hoje, se pode deixar a emoção de lado e analisar a cultura sem preconceitos.

Existem cinco dimensões básicas de valores culturais, que podem ser utilizadas para avaliar a cultura de qualquer grupo de pessoas, quer seja uma equipe, uma organização ou um país. Essas dimensões são: Distância de Poder (DIP), que revela se uma cultura valoriza a hierarquia (num extremo) ou a igualdade (no outro). Individualismo versus Coletivismo (IDV) que revela se o indivíduo é mais valorizado do que o grupo, ou se a harmonia do grupo é mais valorizada do que a expressão individual. Desempenho (DES), que revela se o desempenho é considerado mais importante do que a qualidade de vida. Controle da Incerteza (CDI) que revela a aversão à ambiguidade. Por último, Orientação de Longo Prazo (OLP), que revela se uma cultura valoriza mais a flexibilidade na busca de objetivos de longo prazo, ou uma certa rigidez normativa, voltada para o presente imediato.

Marx e Engels, pais intelectuais do movimento comunista internacional, eram alemães. Como produto da sua cultura, eles conceberam uma descrição intrincada das relações entre o capital e o trabalho; prescreveram um modelo de funcionamento da sociedade (o comunismo) no qual todos os indivíduos trabalhariam para o bem comum. Essa ideia é um produto típico da cultura alemã, que é igualitária, individualista, voltada para o desempenho, avessa à incerteza e normativa. Essa combinação de valores gerou uma cultura onde a disciplina e a ordem são muito valorizados e cada um deve cumprir com o seu dever, individualmente, para que o todo funcione com precisão, como um relógio suíço.

Ocorre que o comunismo nunca foi implantado na Alemanha... Embora a forma de capitalismo que se vê naquele país, atualmente, esteja bem mais próxima do ideal marxista do que o capitalismo americano. O comunismo foi implantado em culturas hierárquicas, autocráticas, como a Rússia e a China. Não deu certo porque, no longo prazo, os próprios dirigentes comunistas entenderam que era preciso mudar o regime econômico.

Já o capitalismo vigora até hoje no mundo inteiro com importantes diferenças determinada pelas culturas nacionais. Na Suécia o que existe é uma forma de Socialismo Capitalista. É uma versão de Capitalismo muito mais igualitária do que a versão soviética, tendo promovido o bem-estar geral da população em níveis superiores a qualquer outra país. Enquanto isso, nos EUA, aumentou a concentração de renda como nunca e uma parcela da população tenta sabotar a implantação de assistência médica universal, algo que existe há décadas na maioria dos países do mundo. Culpa do capitalismo? Não; isso decorre das características peculiares da cultura americana: ela é a mais individualista do mundo e bastante voltada para o desempenho. Basicamente isso significa que cada um deve cuidar de si mesmo.

A cultura explica porque a monarquia sueca consegue ser mais igualitária do que o presidencialismo brasileiro, por exemplo. Os interessados em mudanças sociais, no Brasil e em qualquer lugar, precisam entender a cultura, antes de mais nada, pois esse é o fator determinante do sucesso ou fracasso de qualquer regime político e/ou econômico.

4.   As Ruinas da Pirâmide de Maslow

Nos idos de 1943, Abraham Maslow publicou sua famosa "hierarquia de necessidades" do ser humano, que logo se tornou uma referência clássica em termos da motivação humana no trabalho e em qualquer tipo de situação.

A ideia básica é que as pessoas precisam primeiro satisfazer suas necessidades mais básicas, como as necessidades fisiológicas e de segurança, que ficam nos dois níveis inferiores da hierarquia (também chamada de "pirâmide de necessidades"). Uma vez satisfeitas as necessidades básicas, somente então as pessoas se tornam motivadas para satisfazer as necessidades "mais altas" dos três níveis seguintes: pertencimento, estima e auto-realização. Sempre que uma necessidade num nível inferior deixa de ser satisfeita, o comportamento da pessoa se volta para tentar satisfazer essa necessidade carente. Somente depois de satisfazer a necessidade inferior, a pessoa será motivada para satisfazer a necessidade de um nível imediatamente acima. Quando os quatro primeiros níveis de necessidades estão razoavelmente satisfeitos, a pessoa se voltará para a satisfação das necessidades mais elevadas, no cume da pirâmide (auto-realização).

Este conceito da "pirâmide de Maslow" foi disseminado no mundo inteiro por mais de 70 anos e foi considerado "universal", ou seja: se aplica a todos os seres humanos. Foi utilizado em cursos de psicologia, sociologia e administração de empresas como uma espécie de "cadeira básica" de motivação. Se tornou tão conhecido que passou a fazer parte da cultura popular. No Brasil, por exemplo, se cunhou a expressão "políticos fisiológicos" para se referir aos deputados e senadores do Congresso Nacional que votavam contra ou a favor de determinados projetos de lei, em função de quem lhes oferecia mais vantagens para satisfazer suas necessidades básicas, independente de fidelidade partidária ou ideológica. A expressão é um eufemismo para designar políticos corruptos que vendem seu voto a quem lhes pagar o valor mais alto.

Não é universal

A hierarquia das necessidades humanas foi proposta e aceita pela maioria das pessoas como um conceito universal, que se aplica a todo o mundo. Todavia, agora sabemos que esse conceito, na verdade, não é universal: ele encerra um viés cultural considerável, como tantos outros conceitos gerados como produto de uma determinada cultura e erroneamente aplicados a todas as culturas indistintamente.

É verdade que podemos dizer que a base da pirâmide é praticamente universal: todo mundo precisa primeiro satisfazer suas necessidades fisiológicas, para depois pensar nas suas necessidades de segurança e só depois desses dois níveis estarem razoavelmente satisfeitos é que uma pessoa se dedica a satisfazer suas necessidades de pertencer a um grupo (o nível imediatamente acima). Mas é justamente a partir desse terceiro nível de necessidades que as coisas começam a ficar mais complicadas.

Pessoalmente, sempre fomos grandes admiradores de Maslow: o trabalho dele foi muito além da criação da famosa pirâmide e inclui os fundamentos da Psicologia Humanística, um movimento que revolucionou a psicologia nos anos 1960 e 1970. Ele mudou o foco dos psicólogos, que até então se dirigia ao estudo dos doentes mentais, para a compreensão e o estudo de pessoas sadias. Ele defendia que se poderia melhor entender a personalidade humana, mediante a compreensão do funcionamento de personalidades sadias. O seu trabalho nessa área teve enorme influência na psicologia, na sociologia e na administração de empresas. Ele merece ser muito reconhecido por tamanha contribuição. Entretanto, a sua pirâmide está se tornando uma ruína.

Falar de uma hierarquia de necessidades na qual o "pertencimento" é mais básico, sendo que em seguida vem a estima e posteriormente surge a auto-realização, tudo isso faz o maior sentido quando se trata de culturas que valorizam o individualismo e o desempenho, tais como as culturas dos Estados Unidos e semelhantes (Canadá, Inglaterra e Austrália). Todavia, se olharmos para culturas que valorizam mais o coletivismo, por exemplo, a coisa muda de figura.

Vale notar que é bem possível que o próprio Maslow tivesse plena consciência disso; ele era uma pessoa dotada de grande sensibilidade e conhecia outras culturas. Infelizmente, ele veio a falecer justamente em 1970, o ano em que Geert Hofstede publicou suas primeiras pesquisas sobre dimensões culturais, abordando o impacto da cultura sobre o modo como as pessoas percebem e avaliam a realidade à sua volta. Se Maslow conhecesse o trabalho de Hofstede, poderia ter havido uma conversa muito produtiva entre eles.

Hoje em dia sabemos que, nas culturas coletivistas, a ênfase em pertencer a um grupo e permanecer fiel a ele durante toda a vida é muito maior do que nas sociedades individualistas. Nas culturas coletivistas o "nós" é muito mais importante do que o "eu"; as opiniões grupais são mais importantes do que as individuais; e a confrontação e o conflito são evitados.

A necessidade de estima se expressa de maneira diferente nas culturas mais voltadas para a qualidade de vida, como na Holanda e nas culturas escandinavas, em comparação com sociedades mais voltadas para o desempenho, como o Japão, a Alemanha, a China e os Estados Unidos. Nos EUA, onde Maslow nasceu e se criou, efetivamente a estima se centra mais na autoestima. É perfeitamente natural que, uma vez satisfeita a sua necessidade de pertencer a um grupo ou comunidade, a sua motivação se dirija para satisfazer suas necessidades de prestígio e estima. Isso é muito verdade nos Estados Unidos, onde a estima está centrada na autoestima. A sua responsabilidade individual, para consigo mesmo, é mais importante do que sua responsabilidade para com os seus grupos de referencia. Se poderia até mesmo questionar qual é o nível mais básico: pertencimento ou estima. A estima, nos EUA, se consegue pelo destaque individual, através do desempenho. Os vencedores são admirados e prestigiados, sendo que isso reforça a autoestima. O sentimento de pertencer a um grupo chega a ficar em plano secundário, pois o destaque individual, o sobressair-se na multidão, é algo muito valorizado.

Nas culturas escandinavas o destaque individual é malvisto; o desempenho não impulsiona a autoestima, necessariamente. A autoestima é reforçada por um sentimento de autonomia, liberdade e independência, geralmente sem que isto esteja ligado ao desempenho, mas sim ligado a uma possibilidade de aproveitar uma boa qualidade de vida. Os vencedores são muitas vezes encarados com suspeição; existe mais simpatia pelos desafortunados e esforçados do que pelo vencedor. O sucesso é muitas vezes visto como uma função de sorte, ou acaso, ao invés de ser decorrente da capacidade de cada um.

Portanto, a pirâmide talvez tenha uma hierarquia um pouco diferente, nos seus níveis mais elevados, dependendo da cultura. As necessidades se manifestam de maneira diferente e as pessoas buscam satisfazê-las também de forma diferente. As prioridades são outras e a própria hierarquia de necessidades pode ser outra.

Na parte mais alta da pirâmide encontramos ainda outras diferenças. O próprio conceito de "auto-realização" pode parecer um tanto confuso nas sociedades coletivistas, nas quais o sentido de dever para com a família, para com os mais velhos e para com a comunidade em geral, é muito mais forte do que nas sociedades, individualistas, que valorizam mais o "ser fiel a si mesmo." "Atualizar o seu potencial", que foi o sentido original proposto por Maslow para o conceito de auto-realização, talvez não faça oi menor sentido em certas culturas da Ásia, onde o estado mais elevado de realização é "perder o seu ego" e se integrar com o todo, deixar sua personalidade para trás e mesclar-se com o Nirvana. Na China, por exemplo, a auto-realização pode ser vista como egoísmo. O importante é cumprir seu dever para com sua família, seus ancestrais, sua rede *guanxi* (uma rede de amizades para toda a vida). Isso é diferente da necessidade de pertencimento, colocada por Maslow no terceiro nível da pirâmide?

A pergunta que não deve calar é: "quais são os valores subjacentes que servem de pressupostos a esses conceitos (e a quaisquer conceitos)?" Todos nós temos um viés cultural, do qual raramente temos consciência. Precisamos de espelhos apresentados por pessoas de outras culturas, para nos tornarmos conscientes do nosso viés. Maslow e seus colegas não tiveram esses espelhos nos anos 1940, 1950 e 1960, porque o conceito de diferenças culturais não tinha substância naquela época.

Outros monumentos

Os modelos de gestão tais como a "Vantagem Competitiva" de Michael Porter, ou o de "Organizações Excelentes" de Tom Peters, têm um forte viés cultural também. Eles são verdadeiros monumentos na cultura americana, mas não funcionam necessariamente tão bem em outros lugares; alguma coisa se perde na tradução e não é só uma questão de tradução. Mesmo um conceito bem traduzido, do ponto de vista de idioma, pode não ser aplicável porque o ambiente social é completamente diferente em termos culturais.

As ideias de Porter se encaixam perfeitamente nas culturas voltadas para a competição, como a americana, a inglesa e outras baseadas em valores anglo-saxões. Entretanto, existem culturas mais voltadas para a colaboração, ao invés da competição. Nessas culturas, as organizações não se preocupam tanto com sua vantagem competitiva e sim com uma coexistência pacífica e colaborativa num ambiente de relativa harmonia; elas se preocupam mais com o entendimento das necessidades dos seus clientes e menos com o que a concorrência esteja fazendo. Nas culturas anglo-saxônicas é tamanha a preocupação com a competição, que muitas organizações se desviam daquilo que deveria ser a sua razão de ser: o fornecimento de produtos e serviços para seus clientes!

Não é apenas por acaso que "o foco no foco do cliente" (ao invés de foco no cliente), um conceito criado por José Carlos Teixeira Moreira na sua Escola de Marketing Industrial, em São Paulo, é uma ideia nascida numa cultura coletivista como a brasileira. Nas culturas coletivistas a comunicação está mais voltada para os receptores das mensagens do que para os emissores. Nessas culturas as pessoas crescem aprendendo a prestar atenção nas reações dos outros, ao invés de pensar mais em si mesmas; existe maior sensibilidade às mensagens não-verbais, ao ler nas entrelinhas e tentar entender o que os outros sentem e pensam, de maneira a melhor desenvolver relacionamentos. Colocar-se no lugar do outro, em termos de mercadologia, é mais fácil de se fazer no Brasil do que no Norte da Europa ou na América do Norte, onde valores individualistas são predominantes. Naturalmente isso afeta o tipo de modelos e conceitos utilizados em marketing, em administração e na condução de negócios em geral.

Quando Tom Peters escrevia e conduzia seminários de gestão sobre seu *best-seller* "Vencendo A Crise" (*In Search For Excellence*), a primeira coisa que ele mencionava era que as organizações excelentes tinham como característica "uma propensão para agir". Peters não se deu conta de que isso era verdade na sua própria cultura, que valoriza a ação rápida em detrimento do planejamento detalhado e da reflexão demorada. Portanto, a disposição para agir rapidamente é uma qualidade positiva para as organizações que operam nos Estados Unidos ou em culturas semelhantes. Entretanto, essa propensão para agir rapidamente é algo considerado como um defeito, pois leva a ações irresponsáveis, nas culturas que possuem um alto índice de Controle da Incerteza, como a Alemanha, a França e o Japão. Essas culturas consideram que se você age rápido demais, comete erros demais.

Fazer com que as pessoas ajam rapidamente é fácil nos Estados Unidos; todo mundo lá cresceu com um viés favorável a tomar a iniciativa. Todos logo se motivam e se enchem de energia diante de chamadas para "falar menos e fazer mais" (como dizia a canção de Elvis Presley: *a little less conversation, a little more action!*) Fazer a mesma coisa na Alemanha e no Japão já é um pouco mais difícil! As pessoas aprenderam desde pequenas que é preciso pensar e analisar antes de agir. Acreditam que é mais importante dedicar um bom tempo para preparar e apontar, antes de atirar. Só se deve atirar quando se tem certeza de que vai acertar no alvo. Por contraste, nos Estados Unidos o importante é ser rápido no gatilho, atirar primeiro e perguntar depois.

No Brasil existe muita gente com uma impressão idealizada dos Estados Unidos. Acham que tudo aquilo que funciona bem em Nova Iorque vai funcionar igualmente bem em São Paulo, e assim por diante. Isso não é verdade, não... Aquilo que funciona bem nos Estados Unidos, funciona bem porque é consistente com a cultura americana. Será que isso vai funcionar igualmente bem no Brasil? Talvez sim, talvez não. É preciso questionar quais são as características essenciais daquilo que você está tentando aplicar no Brasil. Essas características são coerentes com a cultura brasileira ou são conflitantes com nossos valores?

O furo é mais embaixo

Ao nos defrontarmos com um modelo de negócios, com um conceito ou com uma "verdade" tida como universal, seria bom questionar a sua origem e entender quais são os valores culturais subjacentes a essa ideia. Ao analisar a validade de um modelo, não basta questionar a sua lógica intrínseca; é preciso questionar se essa lógica se manterá verdadeira em outros ambientes culturais, ou se é válida apenas na cultura em que o modelo foi criado.

A pirâmide de Maslow, a princípio, parecia ser válida para qualquer ambiente cultural. Isso decorre do fato que a maioria dos cursos de formação universitária do mundo ocidental sofrem uma forte influência das ideias anglo-saxônicas; quando surge mais uma ideia que parece ser consistente com os conceitos que aprendemos na faculdade, concluímos que isso só pode ser verdade. Todavia, podemos acabar descobrindo que aquele conceito acadêmico não se aplica na prática, fora das paredes da sala de aula... Isso acontece porque no mundo real as pessoas se comportam de acordo com os valores que aprenderam em casa, na escola primária e nas suas comunidades, desde crianças. Os valores do mundo real não são determinados por professores de faculdade que lecionam utilizando livros estrangeiros como base didática.

Se quisermos estudar o comportamento e a motivação das pessoas, nada melhor do que sair às ruas e conversar com as pessoas. Tente aprender com o que os pequenos empresários estão fazendo, na loja da esquina, na padaria. Tente aprender com empreendedores que tiveram sucesso operando pequenos negócios em ambientes de baixa sofisticação. Você poderá entender melhor o que é que as pessoas realmente necessitam, o que é que as motiva, o que realmente leva as pessoas a fazerem aquilo que fazem. Agindo dessa maneira você encontrará inúmeras oportunidades para melhor entender seus clientes e poder oferecer-lhes aquilo que eles realmente necessitam. Você poderá fornecer algo de verdadeiro valor, valor percebido por eles, e pelo qual eles estarão dispostos a pagar generosamente, gerando para você um lucro merecido (pela oferta de valor verdadeiro percebido como tal pelos seus clientes).

5.   Quando a Grande Ambição É Ter Mais Qualidade de Vida

Hoje almocei com uma ex-colega holandesa com quem convivi durante 3 anos fazendo avaliações psicológicas interculturais, quando trabalhávamos juntas no parceiro local de uma consultoria internacional, em Amsterdam. Ficamos muito felizes de nos reencontrar, pois criamos um bom vínculo e, por questões de mudanças de vida e carreira, há uns 4 anos que nosso contato vinha sendo apenas virtual. Partilhamos, entre outras coisas, nosso orgulho de ver um dos nossos maiores clientes, a Organização para a Proibição de Armas Químicas (OPCW), afiliada da ONU, ter ganho o prêmio Nobel da Paz de 2013 e, principalmente, partilhamos o que temos feito.

Eu sigo em consultoria na área intercultural e de RH e ela hoje trabalha numa divisão europeia de uma multinacional americana do segmento de alimentos e rações animais. Quando iniciou, cuidava da área de gerenciamento de talentos da empresa na Alemanha e há pouco menos de dois anos foi convidada a assumir o gerenciamento de talentos da região do leste Europeu. Aceitou e, um ano depois, com algumas reestruturações e fusões de áreas internas, assumiu também o sul da Europa e a Europa central.

Muito feliz no começo, a vida glamorosa de executiva viajante começou a pesar negativamente na balança, no quesito qualidade de vida. Estar longe do parceiro com frequência, não poder ir caminhando ou de bicicleta para seu trabalho, viajando seguidamente de avião e trem, despendendo muitas horas em salas de espera de aeroportos e estações de trem, enfim, todo o lado duro que os executivos sabem que acompanha o glamour.

Minha amiga representa bem o que significa qualidade de vida para os holandeses e os habitantes dos países nórdicos. Presenciei muitos executivos abrindo mão de uma promoção que os colocaria numa roda-viva. Na dúvida, a tendência dos habitantes destas culturas é recusar uma posição de maior destaque, se isto representar perder qualidade de vida, mesmo que represente mais status, melhor salário e outros tantos benefícios adicionais.

Alguns que resolvem correr o risco e tentar, com frequência atingem um momento em que o questionamento sobre seu equilíbrio entre o trabalho e sua vida pessoal os levam ou a pedir um tempo para revisar o que querem, ou a entrar em um processo de stress que os afasta por médio ou longo prazo do trabalho até uma recuperação completa. Minha colega optou por pedir um tempo e, graças a seu desempenho, tem a garantia de poder voltar e está usufruindo de um período sem remuneração, mas também sem ter de trabalhar, até que decida o que pretende fazer.

E' claro que os holandeses e nórdicos não estão sozinhos nesta questão de entrar em um processo de stress por excesso de trabalho, mas chama a atenção a frequência com que isto acontece nestes países e o quanto as pessoas parecem sofrer mais com o seu impacto.

O que há em comum nestas culturas que leva a esta tendência?

A explicação não é simples, já que cultura é algo bastante complexo, mas uma característica comum que está diretamente relacionada a isto é que estes países pertencem ao que os pesquisadores do tema chamam de culturas femininas.

Diferente de gênero, o conceito aqui se refere `as sociedades femininas como aquelas onde o valores dominantes são cuidar dos outros e zelar pela qualidade de vida, mesmo que isto represente abrir mão de oportunidades atraentes, mas que possam por em risco o viver bem e com tranquilidade. Isto significa que nestes países trabalha-se para viver e não vive-se para o trabalho. Há uma forte preocupação com o bem estar dos demais, manifestada, por exemplo, através de valores e ações que garantam segurança, defesa efetiva do meio ambiente, bons padrões de saúde e acesso `a toda população, simpatia pelos menos afortunados e um infinito numero de ONGs, entre outros.

Nas pesquisas conduzidas pelo antropólogo e cientista social holandês Geert Hofstede, um dos expoentes quando se trata do tema de cultura, a Suécia se destaca como a cultura mais feminina dentre as pesquisadas, enquanto Japão e os Estados Unidos, ao contrário, se destacam como exemplos de culturas tipicamente masculinas, onde os valores dominantes são a busca incessante de resultados, de realização e sucesso a qualquer custo, mesmo com prejuízo `a qualidade de vida.

Os resultados de pesquisa situam o Brasil na média, indicando a convivência tanto de fatores mais voltados para a busca do sucesso e realização como os de busca da qualidade de vida. O Brasil pratica o dito popular de "juntar o útil ao agradável". Trabalhar sim, mas por que não divertir-se também com o trabalho?

Mas voltando ao meu exemplo do almoço, que ilustra uma cultura feminina, minha colega despede-se dizendo que está revisando toda a sua forma de vida e, uma coisa e' certa: "Posso voltar para a mesma empresa, o que provavelmente farei, mas para a mesma função, não. Pode ser uma posição menor, mas preciso de algo que me demande menos".

Agora, você consegue imaginar esta decisão vinda por exemplo de um executivo anglo-saxão?

Ate' pode ser, porque as pessoas são diferentes entre si, mas é raro. A grande maioria nestas culturas teria seu período de recuperação e voltaria para sua função até que pudesse atingir posições de ainda maior destaque com tudo que o acompanha, mesmo que isto signifique uma demanda muito maior e sobrecarga.

Ao final, as decisões que levam `a busca de equilíbrio pessoal e profissional pertencem ao indivíduo. Daí a importância de estar atento aos seus próprios valores culturais, aos valores de onde vive e aos valores das corporações de que faz parte, para atingir a sua equação singular.

6.   Cultura e Personalidade

A personalidade das pessoas pode ser descrita, de forma simplificada, como sendo composta por raciocínio, emoções e valores. Esse modelo simples não é novo, muitos autores descreveram a personalidade de maneira semelhante, mas com outras palavras. Há mais de cem anos, Freud falou em ego, id e superego; nos anos 60, Eric Berne criou a Análise Transacional e falou em Adulto, Criança e Parental.

Todos nós temos sentimentos, vontades, desejos, impulsos que nos levam em busca de sentir prazer e fugir da dor; isso tudo está na parte das emoções. Para conseguir o que queremos e fugir do que não queremos, usamos o raciocínio e decidimos o que fazer. O terceiro componente, o dos valores, representa tudo aquilo que aprendemos como sendo "certo" e "errado", adequado ou inadequado.

Eu vejo um chocolate na prateleira do supermercado e desejo comê-lo. O raciocínio me permite esticar o braço, pegar o chocolate, abrir a embalagem e comer. Todavia, os valores me dizem que o correto é pagar o chocolate no caixa, antes de fazer isso. Na verdade, a parte de valores é geralmente mais complicada: aprendi desde criança que não deveria comer chocolate antes do jantar, isso iria me tirar o apetite; aprendi que chocolate engorda e preciso perder peso e baixar meu nível de triglicérides. Tudo isso gera um conflito entre o meu desejo e aquilo que meus valores me dizem. Eventualmente, tomo uma decisão e resolvo a situação.

Ao examinar um grupo de pessoas numa organização, percebemos que cada um tem os seus valores, emoções e raciocínios. Essas pessoas compartilham certos valores em comum e isso é a essência da cultura organizacional.

A cultura organizacional é o conjunto de valores e normas escritos e não escritos compartilhados por um grupo de pessoas, definindo o que é considerado "certo" e "errado" nesse grupo. Continuando no delicioso exemplo do chocolate, podemos dizer que em certas empresas a cultura permite que se coma chocolate durante o trabalho, na sua mesa; em outras, isso é considerado pouco profissional e, portanto, é evitado. Essas normas não precisam estar escritas em lugar nenhum, mas depois de alguns meses todos os empregados aprendem "as regras do jogo" e se adaptam à cultura. Ou não se adaptam e acabam saindo da organização, por vontade própria ou por iniciativa da empresa. "Você não tem o perfil indicado" costuma ser a expressão utilizada para mandar embora quem não se adaptou à cultura.

Portanto, se pode dizer que os valores fazem parte da personalidade individual. Os valores de um conjunto de pessoas formam a essência da cultura organizacional. Todavia, essas duas coisas não são sinônimas. A personalidade é uma coisa individual, diferente de uma pessoa para outra. A cultura é o coletivo de uma parte (os valores) das personalidades dos indivíduos.

Os valores pessoais são difíceis de mudar; para fazê-lo é geralmente preciso fazer alguma forma de psicoterapia ou psicanálise e, mesmo assim, talvez o que se consiga seja mudar a maneira de lidar com os valores, sem muda-los em si.

A cultura organizacional pode ser mudada de maneira mais fácil. É preciso ter clareza comunicando os valores a serem seguidos e coerência no comportamento dos líderes. Se um grande número de pessoas forem substituídas, isso em si já poderá mudar a cultura, dependendo dos valores dos novos empregados. Já o comportamento dos líderes influencia e direciona a cultura. Se um dos líderes for substituído, por vezes essa mudança, de uma só pessoa, talvez seja suficiente para mudar a cultura de toda a empresa.

Na maioria dos casos a mudança cultural não é tão simples, mas também não é muito diferente disso. Todo líder é um líder de cultura, quer esteja ou não consciente desse papel. Os principais líderes de uma organização representam o fator mais influente sobre a cultura. Isso ocorre não pelo que dizem, não pelos belos discursos que escrevem e disseminam; mas por tudo aquilo que fazem e é observado pelos demais funcionários. As atitudes e decisões dos líderes diante de determinadas situações determinam os verdadeiros valores da empresa, a verdadeira cultura. As pessoas imitam a conduta dos seus líderes e aprendem esses valores pelo que observam.

As pessoas não seguem a estratégia da empresa; elas seguem o comportamento das lideranças. Quando o comportamento é coerente com a estratégia, as coisas funcionam; caso contrário, não funcionam tão bem.

Alguns dizem que "tal presidente, tal organização", ou seja: a personalidade do presidente define a cultura de toda a empresa. Muitos presidentes "novos", entretanto, descobrem que a cultura pode ser difícil de mudar e isso pode levar anos. A conduta do presidente não é o único fator a influenciar a cultura. Existem outros líderes influentes na empresa, formais e informais. Também ocorre, muitas vezes, que o presidente diz uma coisa (a mudança que ele diz querer) mas faz outra, e o seu comportamento é o que as pessoas seguem, não o seu discurso. De qualquer forma, é bom saber que mudar a cultura organizacional é mais fácil do que mudar a personalidade de uma pessoa. Basta entender do que se trata e ter paciência, pois o processo é demorado.

7.   Desafios da Liderança de Grupos Virtuais

Nos últimos 5 anos venho trabalhando mais intensamente com grupos virtuais.

Estou convencida de que não há volta. Eles vieram para ficar. Mas estou certa também de que, para serem eficazes, requerem de quando em quando o presencial, pelo menos no início, se quisermos ter o grupo trabalhando bem.

E há um longo caminho de aprendizagem para que se tornem eficazes. Tenho ouvido muita gente dizer que as diferenças se apagam quando todos estamos diante de uma tela e minha experiência diz exatamente o contrário. Nunca foi tão importante cuidar das diferenças individuais e culturais para conseguir que os grupos com que tenho trabalhado se entendam e cooperem.

Neste artigo quero trazer ao leitor algumas conclusões práticas e filosóficas a que cheguei pela experiência de coordenar grupos virtuais durante alguns anos na Holanda, onde moro atualmente.

Um pouco de contexto. Vou tentar não me estender, mas sendo brasileira, o contexto é algo importante na comunicação em minha cultura e não posso fugir de alguns pontos-chave que ajudem no entendimento de minhas experiências.

Desde 97 tenho sido voluntária na Escola Internacional de Amsterdam – ISA, em diferentes funções. Nestes últimos anos, o trabalho com grupos virtuais vem se tornando essencial para garantir a realização de todas as atividades a que nos dedicamos.

A escola tem atualmente em torno de 700 famílias e a população de alunos flutua entre 900 e 1000 alunos, de pré-escola até último ano do segundo grau, contando com um programa de formação internacional para os últimos dois anos de estudo.

Minha atuação tem sido no círculo de pais e mestres (*Parents and Teachers Association – PTA*) que aqui na Europa e nos Estados Unidos é levado muito a sério, tendo estatuto, reuniões de governança e administrando um orçamento anual, no caso da ISA, equivalente ao de uma empresa de porte médio no Brasil.

Em 96, quando mudei com minha família pela primeira vez para a Holanda, me tornei representante da comunidade brasileira na escola e segui nesta posição até voltar com minha família para o Brasil dois anos depois. Em 2003 mudamos de volta para a

Holanda. Em 2004 – 2005 – 2006 tive minha primeira experiência coordenando um grupo virtual na escola. Coordenei o que chamamos o grupo das Representantes Nacionais, que são líderes de suas comunidades, cada uma representando um país ou grupo de países unidos pelo idioma. Estas voluntárias lideram suas comunidades para participarem de todas as atividades extra-curriculares organizadas pela escola ou pelo círculo de pais e mestres. Naquela época, esta coordenação incluía em torno de 40 pessoas, de 25 nacionalidades diferentes. Este número flutuava junto com a população de expatriados, que muda com relativa frequência o ano todo.

Havia não só a questão da individualidade e de conseguir as pessoas trabalhando e unidas em torno de um fim, mas também o fato de que havia pelo menos 25 formas culturais muito diferentes de pensar cada assunto e de perceber mensagens e ações.

Hoje minha função cresceu e fui eleita a primeira presidente sul-americana do PTA. Responsabilidade dobrada em fazer um bom trabalho e conseguir que 79 pessoas, 48 reportes diretos e em torno de 35 nacionalidades diferentes se entendam, cooperem e façam acontecer.

Para se ter uma visão geral das atividades, o PTA nesta escola tem vários comitês e através deles administra:

- ✓ um jornal interno mensal
- ✓ seu "web site"
- ✓ a loja da escola
- ✓ achados e perdidos
- ✓ a recepção das novas famílias, trabalhando em conjunto com a área de admissão da escola e preparando entre outros, informações, livretos, eventos sobre a cultura Holandesa
- ✓ temos um comitê de nutrição que trabalha com o restaurante para garantir a qualidade das refeições
- ✓ temos um comitê que organiza palestras e workshops para pais, professores e alunos
- ✓ um comitê que organiza cinco grandes eventos anuais para aproximadamente 800/900 pessoas (um churrasco de boas-vindas, duas feiras de variedades e duas feiras do livro)
- ✓ temos três comitês que participam de reuniões sistemáticas na escola e são responsáveis por

administrar problemas que os pais possam ter relativos ao ensino ou a seus filhos na escola

✓ temos um comitê que levanta fundos para instituições carentes que apoiamos, e que organize em media oito a dez eventos de variados tamanhos ao longo do ano

✓ um comitê que organiza eventos específicos para as crianças até a quinta série (sessões de cinema, festas típicas de cada país...)

✓ um comitê que organiza aulas de culinária internacional

✓ outro que organiza passeios turísticos e culturais na Holanda para as famílias interessadas

✓ um outro que trabalha ligado ao departamento de esportes da escola

✓ e por fim a coordenação geral das Representantes Nacionais que, sozinha, lidera um comitê de aproximadamente 40 pessoas.

Há responsabilidade legal por parte de cinco funções do PTA: presidente, vice, secretária, tesoureira e coordenadora de eventos especiais. Este time, com o qual trabalho de forma mais próxima, é composto de uma chinesa, uma argentina, uma alemã, uma guatemalteca e eu, brasileira. Na função de presidente também devo participar do conselho administrativo (*board*) da escola.

Este ano, portanto, devo liderar toda esta Babel, literalmente, pois o inglês é a língua comum, mas grande parte tem outro idioma como língua materna e há muita confusão no que se refere `a comunicação, em grande parte devido ao pouco entendimento do inglês por parte daqueles que, como eu, não são nativos da língua inglesa.

Some-se a isso as diferenças em perspectiva de fundo cultural e de experiências de vida de cada um, e vamos chegando em como ser efetivo com um grupo tão diverso que raramente se encontra.

Alguns pontos filosóficos e práticos advindos da minha experiência apontam para:

- E' muito importante desenvolver a confiança mútua entre os membros do grupo. Especialmente porque não se encontram com frequência, precisam confiar que cada um está fazendo o que se comprometeu para o resultado conjunto.

- Não dispenso começar com um encontro presencial. Mas posso me dar a este luxo, porque as pessoas vivem em cidades diferentes, mas estão no mesmo pequeno país, a no máximo três horas de distância umas das outras. Como fazer isto no Brasil, que é tão imenso, se as pessoas estiverem em diferentes estados? E se estiverem em diferentes países? As empresas estariam dispostas a pagar os custos destes encontros? Nem sempre vêem a importância!

- Os objetivos que unem o grupo virtual precisam ficar muito claros, bem como os papéis e as responsabilidades de cada um no grupo, como por exemplo: quem se espera que lidere, quem eventualmente atuará como tesoureiro (a), como secretário (a), quem deverá enviar relatórios, ou todos deverão em certo momento enviar relatórios, e assim por diante. Os objetivos comuns, quando alinhados com os individuais, podem ajudar na identificação com o grupo e no sentimento de pertencimento, aspectos essenciais para unir pessoas que trabalham `a distância.

- Acho que nunca foi tão importante saber as expectativas de cada um e deixar claro o que vamos fazer juntos, por quanto tempo, e o que cada um pode obter desta cooperação. Como os objetivos, trabalhar as expectativas pode reforçar o engajamento ou pelo menos ajudar os membros a identificarem se querem pertencer a este grupo.

- Reconhecer e legitimar as diferenças no grupo virtual é tão ou mais importante do que no grupo presencial, onde há a oportunidade de identificá-las e tratá-las mais facilmente, uma vez que as pessoas estão face a face. Grandes diferenças pessoais e culturais podem enriquecer um grupo se bem administradas ou podem ser uma irremediável fonte de desentendimentos que liquide com a eficácia do grupo. Este é daqueles aspectos a serem abordados logo de início na formação do grupo e mencionado com frequência como uma maneira subliminar de fazer lembrar ao grupo que todos são únicos e como tal, podem trazer perspectivas que somam diferentes ângulos ao trabalho conjunto.

-       Também o estabelecimento e o consenso das regras em comum e de funcionamento do grupo logo após a sua formação, ajuda a garantir que os membros se ajustem entre si e criem uma rotina própria. Quais os canais que vamos utilizar para nos comunicarmos? (e-mail, telefone, correio para enviar documentos, fax, encontros presenciais...); Com que frequência? (O que pode ser muito para uma cultura ou pessoa pode ser pouco para outra); Se houver planos para encontros presenciais, onde serão estes encontros? Serão sempre no mesmo local ou haverá rodízio? Qual o calendário que atende a todos? Qual o idioma que vamos usar? Enfim, o que funcionaria bem para este grupo?

-       O sistema de comunicação é chave em minha opinião para o funcionamento dos grupos virtuais. Pode claramente facilitar ou prejudicar irremediavelmente o processo destes grupos. Manter equilíbrio na frequência de mensagens e quantidade de informação, bem como na maneira de expressá-las pode ser a diferença entre o sucesso e o fracasso de um grupo virtual. Se você envia mensagens demais, as pessoas tendem a cansar e não mais prestam atenção no que você envia. Se deixar de informar o que seja relevante para os membros do grupo sobre o que está acontecendo neste, e sobre outros aspectos importantes para a execução do trabalho, também haverá claro prejuízo. Mas o que é uma frequência equilibrada? Pergunte ao seu grupo! Com meus grupos uma frequência de e-mails a cada quinze dias funciona bem para as necessidades do nosso tipo de trabalho.

-       Eu diria que é efetivo colocar não mais do que três assuntos importantes a serem tratados numa mesma mensagem, ou do contrário esta fica poluída e as pessoas ficam confusas sobre o que se está falando. Se torna melhor enviar mais de uma mensagem do que por exemplo colocar oito ou mais assuntos diferentes no mesmo e-mail. Uma seleção de acordo com a urgência dos assuntos pode determinar por exemplo quais assuntos enviar hoje e quais poderiam esperar para serem enviados daqui há duas semanas.

-       Numerar os assuntos facilita que sejam vistos e pensados um por vez e ajuda no entendimento.

- O estilo de comunicação também é importante que atenda ao consenso do grupo. Em minha experiência, para atingir a maior parte das diferentes culturas com que lido, procuro escrever ou me expressar ao telefone, com não muito longas mensagens, logo de início dizendo o "que" (o principal motivo de minha mensagem) e depois então o "como" ou "porque", ou seja, um pouco de contexto. Culturas individualistas como a Americana e Holandesa, por exemplo, ficam nervosas se a mensagem é muito longa e demora a chegar no ponto principal. Já culturas coletivistas, como por exemplo a do Brasil, Argentina, Índia, ficam perdidas se não se mencionar o contexto e em geral começam por ele e não poupam palavras. Garantindo que todos recebam a informação essencial e acrescentando uma explicação a seguir, não muito extensa, mas o suficiente para esclarecer os fatos ou uma decisão, parece atender a diferentes expectativas. Aqueles que preferem só o essencial ficam nos primeiros parágrafos e aqueles que precisam do contexto tendem a ir adiante. Ambos porém, tem a informação adicional em caso de necessitarem detalhes. Sempre ao final, é recomendável deixar uma possibilidade para comentários, perguntas e contato por e-mail ou telefônico para esclarecer dúvidas.

- Se houver referência a algum encontro presencial ou conferência por internet, por exemplo, é fundamental deixar claro: local, data, horário, agenda, etc., mesmo que já tenha sido dito. Se você se refere de novo ao evento é melhor repetir as informações básicas do que dizer veja no e-mail anterior, porque muitas pessoas não o acham, ou apagaram, ou não sabem se receberam, e fatalmente vão escrever de novo para você. Assim, todos ganham tempo e a comunicação se torna mais eficaz. O mesmo se aplica a escrever o e-mail e telefone de alguém que você possa estar dizendo para os outros entrarem em contato. Mesmo que se supunha que todos deveriam ter estas informações, se você não as coloca, fatalmente vai responder alguns e-mails perguntando por elas.

- Reservar tempo e dar atenção ao que se quer dizer e ao que se está escrevendo é também fundamental. No grupo atual em que temos em torno de 35 nacionalidades diferentes, o inglês é a escolha natural do idioma utilizado. Devemos ter em torno de 20% de pessoas cujo inglês é a sua língua mãe e as demais falam outros idiomas.

Assim, falta de entendimento do que está sendo dito e problemas de interpretação são abundantes. Por vezes, sou capaz de substituir uma palavra três vezes, procurando que seja ao mesmo tempo clara e não fira sensibilidades. Releio várias vezes o que escrevi antes de enviar para evitar erros de inglês, mas principalmente, para garantir clareza e eficácia do que quero dizer.

- Quando uma mensagem envolve tomada de decisões, se torna fundamental:

a – informar claramente o assunto, logo de inicio (inclusive no título se estiver enviando um e-mail);

b – garantir que as dúvidas sejam esclarecidas e que todos entendam sobre o que se pretende decidir;

c – dar tempo para os membros do grupo lerem, digerirem o assunto e tomarem suas posições;

d – colher opiniões através de mensagens abertas, preferencialmente onde todos possam ver as opiniões de todos, a menos que haja questões sensitivas que serão tratadas a parte e posteriormente incorporadas de alguma forma;

e – processar as informações de forma clara e objetiva;

f – enviar uma mensagem que "amarre" tudo que foi discutido e deixe claro o resultado a que chegaram, além de possíveis ações, quem se responsabiliza por elas e quando deverão ser tomadas.

- Na minha experiência, em geral 1/3 das pessoas respondem logo ou pelo menos expressam suas dúvidas; 1/3 precisa uma semana ou mais para reagir e 1/3 tende a reagir só se receber uma nova mensagem cobrando. Umas poucas pessoas ainda talvez não respondam, a menos que isto signifique que elas terão alguma conseqüência clara no trabalho se não o fizerem. No caso do trabalho voluntário, este aspecto não se aplica, e o que funciona é realmente o engajamento de cada um.

- Não assuma que se alguém não respondeu é porque não tem interesse ou ao contrário porque entendeu tudo. Especialmente em países que somam uma hierarquia marcante com forte sentimento de grupo, e que representam a grande maioria dos países no mundo, os membros de um time podem não deixar claro suas dúvidas ou oposição de idéias, devido a vergonha de expressar algo que possa ser considerado pelo outros como uma pergunta boba ou burra ou também podem recear ir contra uma opinião geral do grupo ou da liderança que detém o poder. Assim, permitir que mensagens individuais lhe sejam enviadas e administrar com cuidado como incorporar o seu conteúdo nas discussões, sem trair a confiança de quem expressou a opinião/pergunta, é um verdadeiro desafio, importante de ser vencido no trabalho com grupos virtuais, especialmente os multiculturais.

- Quando um problema precisa ser tratado, procuro fazê-lo individualmente, evitando expor a pessoa ao grupo, especialmente se ela vem de países coletivistas, como por exemplo a China, o Brasil, a Índia, onde "ficar de cara no chão" é sentido com muita força e abala o respeito que a pessoa tem por si mesma diante daquele grupo. Em países individualistas, como Inglaterra, Alemanha e Bélgica, por exemplo, este aspecto não é tão relevante para a maioria das pessoas e talvez o problema possa ser tratado abertamente no grupo. Contudo, conhecer as individualidades pode fazer toda a diferença. Não se pode concluir que porque uma pessoa vem de uma determinada cultura que ela necessariamente agirá de acordo com os padrões culturais de onde vem, e você pode ferir suscetibilidades mesmo tendo a melhor das intenções.

- Se não houver tempo para responder uma mensagem deixada na caixa postal ou no e-mail, é preferível enviar uma curta mensagem dizendo a que recebeu e que responderá amanhã, ou sexta-feira, ou logo. Contudo, palavras que deixam em aberto, como "logo", é melhor que sejam evitadas, pois o que é "logo" em uma cultura, não é absolutamente o mesmo em outra.

- Também diferenças de fuso horário precisam ser consideradas quando se está lidando com países diferentes, especialmente ao telefone, ou quando por exemplo se espera uma resposta rápida por e-mail de alguém que possa estar ainda dormindo no outro lado do planeta.

- Reforços de comportamento são importantes. Minha linha de ação é ser honesta nos meus elogios, de forma a fazer elogios que todos possam reconhecer como sendo válidos, merecidos. Exige um aprendizado constante porque, acredite, não é fácil.

- Reforços e recompensas tendem a ser mais efetivos se dirigidos para resultados atingidos para pessoas de culturas mais competitivas, chamadas masculinas, como por exemplo as anglo-saxônicas, como: Estados Unidos, Canadá, Austrália, Nova Zelândia, Inglaterra. Já em países de culturas mais femininas, como por exemplo: Suécia, Noruega, Holanda, onde a qualidade de vida vem antes da competição e do resultado de trabalho, reconhecer o esforço de um indivíduo pode estimulá-lo a seguir em frente, mesmo que ainda não tenha atingido os resultados desejados. Se além disso, esta cultura é também coletivista, significando que as relações de grupo são mais importantes do que as individuais e os grupos apoiam a quem lhes seja leal, reconhecer o esforço de um grupo como um todo também estimula o engajamento e o atingimento de mais e melhores resultados.

- O estilo de liderança é muito afetado pela cultura. Estilos mais diretivos ou consultivos que centralizam as decisões, tendem a florescer em culturas mais hierárquicas. Estilos mais participativos ou consultivos com delegação decisória, tendem a florescer em países onde a hierarquia se faz sentir menos e tem um sentido mais funcional do que estrutural. Um líder eficaz em uma cultura pode ser totalmente ineficaz em outra. Se torna assim fundamental desenvolver formas de conhecer os participantes dos grupos virtuais (CV com foto para começar? Encontro presencial? Respostas a perguntas sobre interesses? Entrevistas por Skype?....) e adaptar diferentes formas de liderar a diferentes membros do grupo. Eis um grande desafio da liderança de grupos virtuais.

- Para liderar um processo de comunicação em grupos virtuais é preciso desenvolver muita tolerância e não se irritar com as reações e respostas ao que escreveu. Empatia é também ao meu ver fundamental desenvolver. As vezes você recebe uma mensagem que sente como desaforada, desrespeitosa, agressiva mesmo, mas se se colocar no lugar do outro, poderá ver que via de regra, a atitude não é gratuita, há uma perspectiva diferente da sua guiando a atitude do outro. Se você se mantém centrado, consegue agir e desfazer o mal entendido.

- No caso de os grupos virtuais reunirem pessoas de diferentes nacionalidades e experiências de vida muito diversas, as lideranças precisam fazer um grande investimento em desenvolver suas competências para identificar, entender e lidar com tal diversidade, se quiserem ser eficazes. Mas este é um outro artigo a parte.

Certamente, muita pesquisa e experiência ao lidar com times virtuais, bem como times multiculturais, ainda será necessária para que possamos estabelecer padrões de comportamento que ajudem a entender e administrar de forma eficaz estes grupos.

Assim como o cinema não terminou com a validade e o prazer do teatro, a TV não terminou com o cinema e a internet não terminou ainda com a TV, acredito que os grupos virtuais se desenvolverão como parte fundamental do trabalho global, associado ao presencial, que terá sempre seu valor e contribuição do fator humano melhor sentido face a face.

8.   Como os Brasileiros Negociam

No mundo em que vivemos hoje em dia, negociar com pessoas de outras nacionalidades é algo que vem se tornando cada vez mais acessível para um maior número de pessoas. Com o advento da internet crescendo, com mais opções de telecomunicações e com a expansão de empresas que não mais se limitam a comprar produtos e serviços ou vende-los apenas nos seus mercados domésticos, o mercado global se consolidou e está derrubando as barreiras geográficas nas negociações.

No entanto, embora seja verdade que as barreiras geográficas se tornaram mais flexíveis com a globalização, o mesmo não se pode dizer sobre os atributos culturais dos países. Ao contrário, um movimento de afirmação das características culturais singulares de cada nação, e de alguns povos distintos que fazem parte da mesma nação, é bastante natural como tentativa de manter a identidade cultural e a singularidade ao se defrontar com as rápidas e contínuas mudanças trazidas pelo planeta.

Diferentemente do ritmo veloz do planeta, as organizações parecem estar se dando conta apenas lentamente do fato que as negociações envolvendo diferentes culturas exigem preparação, uma compreensão profunda a respeito da sua própria cultura como ponto de partida, e um entendimento ainda maior sobre outras perspectivas culturais, de forma a obter respeito em relação a diferenças mútuas e poder chegar a uma base comum para negociar.

Além da prática dos negociadores globais que nos têm suprido de conceitos e recursos sobre como negociar com diferentes países, estudos foram realizados para compreender as dinâmicas que orientam as diferentes culturas, assim sustentando não apenas os processos de negociação, mas também influenciando vários aspectos da vida diária, dentre outros, por exemplo, comunicação, relacionamentos, processo decisório, delegação e também aculturação de expatriados que foram temporariamente designados para países diferentes do seu ou diferentes das culturas melhor conhecidas por eles previamente.

Um dos estudos mais completos desse campo foi realizado pelo pesquisador, cientista social e antropólogo holandês Geert Hofstede, que está entre os 10 cientistas sociais mais lidos em todo o mundo e é considerado um dos mais influentes em assuntos culturais. Sua extensa pesquisa, aliada a inúmeras outras pesquisas baseadas na pesquisa original dele como base conceitual, resultaram na formulação de um modelo conceitual que ajuda a compreender as diferenças culturais.

Os conceitos de Hofstede servirão aqui como pano de fundo para sustentar a ênfase em como esses conceitos na verdade se verificam na prática e para entender como algumas características culturais brasileiras se tornam elementos-chave ao se considerar a realização de negócios no Brasil ou com brasileiros em qualquer outro lugar.

Em termos de cultura, qualquer que seja o nível que se possa escolher para observar, estudar ou descrever, se pode encontrar certos aspectos específicos e certos aspectos mais gerais e comuns, que podem ser reconhecidos como sendo "asiáticos" ou "africanos," ou até mesmo "europeus" e "sul-americanos." Neste artigo vamos considerar alguns elementos da cultura brasileira como um todo, embora o Brasil tenha "dimensões continentais" e seja em si mesmo um país muito diverso. Os aspectos aqui descritos poderão ser facilmente reconhecidos em todo o Brasil, de Norte a Sul, de Leste a Oeste, por qualquer brasileiro, imigrante, ou expatriado vivendo temporariamente no país. Esses aspectos influenciam a maneira como as pessoas conduzem negócios no país inteiro. A diversidade cultural do Brasil foi comprovada como sendo estatisticamente significativa, revelando a existência de subculturas que também precisam ser consideradas ao lidar com os brasileiros. Isso pode até gerar toda uma série de outros artigos, explorando essas subculturas.

Por agora, vamos começar com aquilo que é comum ao Brasil como um todo.

Relacionamentos

Em termos do modelo de Hofstede, o Brasil é uma cultura coletivista. Nos países coletivistas como o Brasil, o mais importante, acima de tudo, é estabelecer relacionamentos. A confiança é desenvolvida através de encontros formais e informais que ajudam a desenvolver relacionamentos de longo prazo. Portanto, um convite para um drinque após uma reunião de negócios, ou um convite para jantar num restaurante, ou ainda um convite mais íntimo para jantar na casa do seu interlocutor, por exemplo, não deve ser desprezado. Isso tudo faz parte do processo de gerar oportunidades para estabelecer confiança mútua.

Para aqueles que vêm de culturas individualistas como por exemplo as culturas americana ou holandesa, certas atitudes podem parecer estranhas e até podem ferir sua sensação de liberdade e independência. Ver um parceiro de negócios oferecer para pegar você no aeroporto, ou mandar um carro com motorista para fazer isso, no padrão cultural brasileiro, são apenas formas de lhe dar as boas vindas e, ao mesmo tempo, maneiras de criar oportunidades para conhece-lo melhor, conversar juntos e estabelecer um relacionamento.

Esta etapa pode levar um bom tempo, até demais para quem tem o ponto de vista das culturas que acabo de mencionar, ou quem vem de outras culturas nórdicas e anglo-saxônicas, nas quais os negócios costumam ser conduzidos de forma mais direta e objetiva.

Não tenha pressa, vá com calma!

Planeje para ter tempo de sobra, especialmente para chegar no país um pouco antes do dia marcado para sua reunião, dando com isso oportunidade para convidar ou ser convidado para contatos adicionais. Se possível, fique mais um tempo depois da reunião. Às vezes, nessas reuniões informais é que se tomam as decisões mais importantes; as reuniões formais servem apenas para uma confirmação daquilo que as pessoas que decidem já haviam concordado em fazer num ambiente informal.

Tente encarar essa necessidade de desenvolver relacionamentos sob o ponto de vista dos outros envolvidos (brasileiros) e considere isso não como uma perda de tempo, mas como sendo uma fase importante da negociação, uma vez que sem estabelecer relacionamentos e através deles, a confiança necessária e o próprio fechamento do negócio não aconteceriam com você e sim com os seus concorrentes que se dispuseram a investir o tempo e o esforço para um relacionamento de longo prazo com o cliente.

Talvez você já tenha percebido, a essa altura, que um outro aspecto importante a considerar na negociação com brasileiros é saber quem são as pessoas que tomam as decisões.

Identificar quem detém o poder

Considerando o aspecto da hierarquia e do quanto o poder

está concentrado nas mãos de alguns poucos num determinado país, o Brasil aparece nas pesquisas como sendo bastante hierárquico.

"Manda quem pode, obedece quem tem juízo," diz o ditado popular. Isso exemplifica como a hierarquia é levada a sério; em todos os aspectos da vida diária e especialmente com referencia à gestão de pessoas, relacionamento com instituições oficiais e negócios em geral.

Entre outras consequências, isso significa que o processo decisório durante uma negociação estará normalmente concentrado numa determinada pessoa ou num grupo de pessoas que são detentoras do poder. Podem ser seus interlocutores, ou não. Caso não sejam, é fundamental descobrir quem são as pessoas que decidem (ou a pessoa) e tentar levar a conversa até o respectivo nível hierárquico correspondente.

Diferentemente da cultura holandesa, por exemplo, na qual as diferenças hierárquicas são menos marcantes, onde a delegação é disseminada amplamente, ao ponto de fazer com que seja difícil para um observador externo identificar quem detém o poder decisório, na cultura brasileira é de importância crucial identificar quem detém o poder para decidir sobre o assunto que se está discutindo, tanto em assuntos de gestão, quanto (especialmente) em termos de negociação.

Se quem toma as decisões é alguém que não é o seu interlocutor, será preciso tentar se aproximar de quem decide, mas sem ofender quem está com você; é preciso fazer com que seu interlocutor se torne um aliado seu na negociação. Para tanto, você evita sobre passar o seu interlocutor e procura persuadi-lo (ou ela) de que "nós" precisamos envolver mais gente nessa negociação e você procura demonstrar as possíveis vantagens que isso trará para a pessoa envolvida. É preciso ganhar o seu apoio para que a pessoa possa efetivamente intervir em seu favor.

Dessa forma também será importante fornecer bastante informação ao seu parceiro, para ajudá-lo a levar a mensagem adequada àquele que toma a decisão, viabilizando o surgimento de oportunidades para um contato mais direto com você.

Quando a negociação estiver sendo conduzida por alguém que tem menor poder decisório, você precisa também considerar que será necessário dispender mais tempo no processo, tanto para transformar essa pessoa num aliado seu, como para obter acesso a um nível hierárquico mais elevado.

Informal, mas nem tanto

Os brasileiros têm um estilo geral bastante informal, que pode ser reconhecido, por exemplo, pela maneira como as pessoas se comportam umas com as outras, pelo vestir e pelas brincadeiras frequentes que acontecem no ambiente de trabalho. Entretanto, em situações de negócios e especialmente quando se está tratando com autoridades / detentores de poder, um clima mais formal é predominante. As pessoas se vestem melhor, controlam seus gestos, se expressam de forma mais contida, evitam brincadeiras ou fazem apenas comentários sutis permitidos pelo momento; e, especialmente, usam formas de tratamento mais formais ao se dirigir a uma autoridade presente.

Além do mais, conquistar a possibilidade de um relacionamento mais informal com uma autoridade é uma forma de obter mais intimidade. Aos poucos, à medida em que se desenvolve maior confiança e o relacionamento evolui, uma certa informalidade é permitida. Essa "permissão" é expressa de forma não-verbal, ensejando conversas mais soltas e mais espontâneas, tornando a relação mais natural.

Portanto, vale notar que, ao se iniciar uma negociação, a informalidade não será tão grande quanto se observou no dia a dia do ambiente de trabalho. Mais uma vez: é preciso criar espaços para construir um processo até chegar lá.

Estilo de comunicação

Com base em diversos estudos de pesquisa, é possível dizer que a cultura brasileira valoriza um estilo implícito, indireto e com ênfase em descrição do contexto. No modelo de Hofstede isso está também ligado às características coletivistas da cultura.

As pessoas fazem o que se costuma descrever como "ficam arrodeando o tôco", ou seja: falam de vários assuntos mas evitam ir diretamente ao ponto, evitam falar daquilo que é a questão central a ser tratada no encontro. Eventualmente as pessoas chegam lá, mas não sem antes consumir bastante tempo descrevendo o contexto, o que deixa os anglo-saxões bastante nervosos e irritados por se gastar tanto tempo até chegar ao ponto central da questão.

Ao mesmo tempo, esse estilo indireto não se refere apenas à extensa descrição do contexto, mas também significa criar um bom entendimento mútuo antes de tocar no assunto central. Se esse assunto envolve alguma coisa de conotação negativa, ou um problema desagradável, os brasileiros costumam começar com um comentário positivo a respeito da situação, antes de tocar no aspecto negativo; é o que se costuma chamar de "dourar a pílula", para amenizar a dificuldade em lidar com a questão.

Adicione-se a isso o aspecto implícito da comunicação. Isso quer dizer que não se diz a mensagem com palavras claras; ao invés disso, se usam "meias-palavras", se utilizam metáforas, por exemplo, ou se procura demonstrar certos aspectos da mensagem utilizando um tom de voz ou um gesto para expressar a conotação desejada. "Para bom entendedor, meia palavra basta," diz outro ditado popular.

Neste ponto estamos falando sobre a comunicação não-verbal, todos aqueles aspectos que não são falados, mas que estão bastante presentes na maneira como a pessoa está se expressando. Se esse é um aspecto ao qual você não está acostumado a prestar muita atenção, ou se você acha que isso não é tão relevante, é hora de revisar seus parâmetros; se você tem a intenção de fazer negócios no Brasil ou mesmo se pretende apenas interagir com brasileiros em geral, esses aspectos são fundamentais.

Saber ler nas entrelinhas é algo que está muito presente na vida diária e é considerada uma qualidade muito positiva pelos brasileiros, que o fazem muito bem. Começa com a forma mais usual de cumprimentar as pessoas, o famoso "Tudo bem?" Os brasileiros têm incontáveis maneiras diferentes de responder, falando o mesmo "tudo bem": o que varia é a entonação. Se espera, então, que o interlocutor interprete a resposta, que tenha a sensibilidade de entender e reconhecer a diferença no tom de voz e reagir de acordo com essa interpretação. O conteúdo verbal da resposta (tudo bem) pode estar dizendo que está tudo bem; mas a entonação pode estar dizendo algo diferente: que nem tudo está bem. Portanto, será muito valorizado se a outra pessoa perguntar, por exemplo: "está me parecendo que não está tudo bem, alguma coisa aconteceu?" Esta é mais uma oportunidade de aprofundar o relacionamento e ganhar mais intimidade.

Este é apenas um exemplo que mostra a pontinha do iceberg em termos de comunicação não-verbal. Esteja preparado, se você acha que não está, para desenvolver a sua empatia, a sua sensibilidade e a sua capacidade de ler nas entrelinhas. Essas habilidades farão enorme diferença ao lidar com brasileiros em qualquer situação.

De preferencia, sem conflito (a turma do "deixa disso")

Os brasileiros tendem a evitar os conflitos e tentam fazer as coisas "sem criar problemas," ou, como diz outra expressão popular, sem "fazer tempestade num copo d'água."

A expectativa é que se possa fazer tudo o que é necessário fazer, de preferencia em harmonia, sem levantar problemas, e sim resolvendo-os; e sem fazer nada que possa prejudicar os relacionamentos existentes entre as pessoas. Se as pessoas se machucam ou se sentem magoadas, os relacionamentos podem demorar muito para serem reparados; dependendo do tamanho da mágoa, certos relacionamentos jamais são reparados.

O Brasil tem inclusive a chamada "turma do 'deixa disso'", que é um grupo espontâneo de pessoas que se dividem para conter dois outros que estão prestes a romper a harmonia até então aparente. Se as pessoas ficam com muita raiva uma da outra, ou, especialmente, se estão prestes a lutar fisicamente entre si para resolver suas diferenças, logo surgem pessoas para impedir que façam isso. Os brasileiros ficam nervosos com essas manifestações de raiva e, sem qualquer aviso, alguns seguram uma das partes enquanto outros seguram a outra parte, pedindo: "deixa disso!"

Diferentemente, por exemplo, de certas culturas que aceitam e até estimulam a crítica e as discussões apaixonadas, onde a falta de assertividade pode até ser considerada uma doença coberta pelo serviço de saúde oficial (como acontece na Holanda), a crítica e a confrontação, na cultura brasileira, tendem a ser evitadas e não serem discutidas abertamente.

Discussões fortes a respeito de determinado assunto, o que pode ser visto como algo normal em outras culturas, sem ser considerado uma tentativa de ofender o outro pessoalmente, no Brasil são vistas exatamente como um ataque pessoal direto. Portanto, tenha cuidado e evite criticar outras pessoas diretamente no Brasil e especialmente ao fazer negócios com os brasileiros. Se você acha que não pode evitar a crítica, pelo menos procure fazê-la de forma gradual e indireta, nunca diante de terceiros e escolha um bom momento no qual a outra pessoa possa estar mais receptiva aos seus comentários.

Se acrescentarmos a isso aquilo que mencionamos antes sobre estilos de comunicação, podemos dizer então que se houver alguma discordância ou se as pessoas não estiverem muito contentes com a negociação que está acontecendo, elas provavelmente evitarão de expressar isso diretamente e talvez expressem seu sentimento de uma forma indireta. Mais uma vez, saber ler nas entrelinhas será necessário. Faz muito tempo que não respondem à sua última mensagem?

Não ter notícias, na cultura brasileira, não é sinônimo de boas notícias. O melhor que você tem a fazer é dar uma olhada e verificar como vão as coisas.

Pontualidade e planejamento de reuniões

Entre muitos aspectos culturais que diferenciam o Brasil de outras culturas, como a da Alemanha, por exemplo, o planejamento certamente merece consideração. Se você estiver acostumado a agendar suas reuniões com dois ou três meses de antecedência e só vai telefonar se houver alguma mudança de planos, se você imagina que simplesmente vai aparecer na reunião agendada e vai encontra a outra parte esperando por você na data e hora marcada, será preciso revisar esses critérios no Brasil. Marcar uma reunião com duas semanas de antecedência já pode ser considerado cedo demais, a não ser que se trate de alguém que seja realmente muito ocupado. As pessoas em geral se programam de uma semana para a outra. Mesmo assim, é recomendável ligar para reconfirmar um ou dois dias antes do encontro marcado, ou até mesmo no próprio dia da reunião, para garantir que não houve alguma mudança de última hora e que o encontro, efetivamente, vai acontecer.

Prepare-se também para o fato de que no Brasil você poderá ser convidado pelo seu parceiro de negociação para um jantar no dia seguinte ou mesmo hoje à noite, por que não?! Se vocês dois acham que é uma boa ideia...

Quanto à pontualidade, não tome os possíveis atrasos como falta de respeito para consigo. Diferente de outras culturas onde a disciplina com os horários é considerada como algo crucial para mostrar respeito e começar as negociações com o pé direito, no Brasil existe uma atitude mais frouxa em relação ao uso do tempo; isso inclui uma abertura para mudar as coisas na última hora e atrasos de 15 a 20 minutos são considerados perfeitamente normais. A etiqueta nos negócios requer que as pessoas avisem sobre atrasos apenas quando passarem dos 15 ou 20 minutos, podendo chegar a 30 ou 40 minutos com certa frequência. Quando isso acontece, é costume expressar o motivo do atraso

As regras e o jeitinho brasileiro

A cultura brasileira se caracteriza por uma enorme quantidade de leis, regras e normas para todo o tipo de procedimento, geralmente muito detalhadas. Se, por um lado, isso dá às pessoas a sensação de estarem protegidas e de que existe um sentido de organização e sequência no procedimento no qual estão envolvidas, por outro lado isso aumenta a burocracia e restringe muito o que as pessoas podem fazer.

Uma resposta espontânea que os brasileiros costumam ter diante de tantas regras tão detalhadas é, dentre outras, considerar caminhos alternativos para contornar os padrões estabelecidos. Se você perguntar se algo pode ser feito de outra maneira, a primeira resposta que você ouvirá é "deixa eu ver se dá para fazer de outro jeito" ou "deixa eu verificar o que pode ser feito." A primeira abordagem é "vamos tentar", mesmo que depois as pessoas cheguem à conclusão de que se comprometeram a fazer algo que não podem entregar.

Os brasileiros gostam de ver a si mesmos como sendo criativos e flexíveis. Eles tendem a ver a realidade como não sendo apenas preto ou branco, e sim como sendo composta por várias cores e vários tons de cinza. Isso quer dizer que os brasileiros tendem a evitar uma escolha entre "sim" e "não", preferindo falar em termos de "talvez" e "vamos tentar."

O que passou a ser conhecido no Brasil como "o jeitinho brasileiro" pode ser descrito como sendo uma tentativa de fazer o que é mais conveniente, ao invés de fazer o que é mais correto, desde que não se vá diretamente contra a lei ("correto na opinião de quem?" é uma pergunta feita com frequência). Ao mesmo tempo, pode se dizer que o "jeitinho" é uma solução temporária para um problema inesperado, utilizando criatividade, intuição e improvisação. Em todos os casos, se trata de uma ação que passa ao lado da regra ("ao arrepio da lei") sem ir diretamente contra ela.

No campo da negociação, isso às vezes significa que é possível explorar diferentes alternativas com seu interlocutor brasileiro para resolver certas questões e chegar a uma solução de consenso. Os brasileiros em geral estão abertos a considerar diferentes alternativas e geralmente apreciam sugestões criativas que possam ser apresentadas.

Esses aspectos aqui mencionados representam algumas

características da cultura brasileira que impactam a condução de negócios. Entretanto, vale lembrar que a cultura é um tema bem mais complexo; e exige preparação da sua parte para lidar com alguém oriundo de uma cultura diferente da sua. Para concluir, nossos conselhos podem ser resumidos no seguinte: fique atento e procure entender perspectivas diferentes da sua; permaneça aberto a considerar maneiras muito diferentes de conduzir negócios; e aproveite para relaxar um pouco e aproveitar o seu tempo de trabalho no Brasil. Como dizem os brasileiros: "por que não unir o útil ao agradável?"

9.   Preconceito Cultural em Coaching

O Brasil foi tomado pelo *coaching* e o resto do mundo também. Nunca antes neste País (e em todos os países) tivemos tantas pessoas praticando essa atividade, ajudando os outros (ou tentando) a se desenvolverem.

A proliferação do *coaching* é louvável, na medida em que se trata de contribuir para o desenvolvimento humano; todavia, essa proliferação encerra duas armadilhas importantes de serem reconhecidas e evitadas.

A primeira delas diz respeito ao exercício da atividade por pessoas sem um mínimo de qualificação profissional. O risco para o *coachee* (o "cliente" de *coaching*) é cair nas mãos de alguém que, por falta de qualificação, acaba prejudicando ao invés de ajudar. Para evitar isso, surgiram entidades profissionais não-governamentais que certificam *coaches*, em diferentes graus, mediante certos critérios, e zelam pela qualificação de quem exerce a atividade. Dentre elas, a ICF – *International Coaches Federation* vem se destacando pela seriedade e qualidade em todo o mundo.

A segunda armadilha se refere ao preconceito cultural. O *coaching* nasceu nos Estados Unidos e está imbuído de valores culturais norte-americanos, fato que não se deve ignorar ou mesmo menosprezar. A própria palavra *"coaching"* é tão americana que não tem encontrado tradução em outros línguas. Se você viajar pelo mundo verá que na França se fala em *"le coaching"*, não há tradução em francês; o mesmo ocorre na Alemanha, na Escandinávia, em toda a América Latina (*"el coaching"*) e na Espanha.

O risco está em aceitar como verdades universais certos aspectos da relação entre *coach* e *coachee* que são típicos da cultura dos EUA , mas podem ser contrários aos valores de determinadas culturas. Sem estar consciente dessas diferenças culturais, o *coach* pode agir conforme um preconceito que ele (ou ela) nem percebe que está ocorrendo.

O que precisamos fazer no Brasil? Estar alerta às diferenças culturais da nossa cultura em relação à cultura americana, para prosseguir com muito cuidado antes de copiar procedimentos que funcionam muito bem em Nova Iorque mas que podem não funcionar tão bem em Nova Iguaçu.

Nossa cultura é, em relação à americana, mais hierárquica, mais voltada para relacionamentos do que para tarefas, mais flexível, mais voltada para atividades do que para resultados mensuráveis. Isso precisa ser levado em conta pelo *coach*, sem emitir um juízo de valor negativo, pois nossa cultura não é, em si, nem melhor e nem pior do que qualquer outra.

Pelo fato de a cultura brasileira ser hierárquica, temos a tendência de achar que as culturas europeias e norte-americanas são melhores do que a nossa; é o famoso "complexo de vira-lata" citado por Nélson Rodrigues. Achamos que os outros são melhores do que nós, admiramos a cultura americana e não enxergamos os defeitos que ela possui. Em função disso, por exemplo, achamos que a hierarquia nas empresas deve ser diminuída, sem perceber que esse é um valor das culturas do norte da Europa e não uma verdade universal.

O *coach* que não estiver consciente dessas diferenças culturais pode achar que um "*coachee*" (o cliente do *coach*) está sendo excessivamente submisso, ou que lhe falta assertividade, quando na verdade o que existe é um respeito à hierarquia, um comportamento natural na nossa cultura. O *coach* pode avaliar que o *coachee* se comunica de forma pouco objetiva, que demora demais em descrever circunstâncias; porém esta é outra característica reforçada pela nossa cultura e menosprezada nos EUA e no norte da Europa.

Na cultura brasileira aprendemos a expressar nossas emoções, tanto aquelas associadas à alegria quanto aquelas associadas à tristeza. No ambiente de trabalho brasileiro é comum observar pessoas que gritam de alegria e entusiasmo, que dão gargalhadas, que se abraçam com euforia, assim como muitas vezes podem chorar de tristeza e se abraçar para confortar uns aos outros. Em outras culturas essas expressões de emoção passam uma ideia de falta de profissionalismo e, como tal, são rejeitadas com veemência. Um *coach* americano, ou alguém que incorporou valores americanos na sua conduta profissional ao ponto de pensar e agir como um americano, pode formar um preconceito contra aqueles que expressam suas emoções abertamente, sem se dar conta de que expressar ou reprimir emoções não é um valor universal; é um valor cultural que precisa ser entendido como tal.

Da mesma forma, muitos brasileiros, quer sejam *coaches* ou não, avaliam europeus e americanos como sendo frios, insensíveis, grosseiros e arrogantes em determinadas situações. É provável que esses estrangeiros estavam apenas procurando ter uma conduta profissional e que seu comportamento foi mal interpretado por alguém que os observou à luz de um filtro cultural diferente. O que para uma cultura parece arrogância, para outra cultura pode ser apenas autoconfiança; o que para uma cultura parece ser grosseiro, para outra pode ser apenas objetividade.

Repito: nenhuma cultura é superior a outra. O importante é reconhecer que as diferenças existem, e é necessário conhece-las para evitar o preconceito, em qualquer relacionamento interpessoal, inclusive em *coaching*.

10. Cultura na Prefeitura

Num evento da Embaixada Brasileira, tive contato com o prefeito de Amsterdam, Eberhard van der Laan. Vale registrar diferenças curiosas entre uma prefeitura na Holanda e uma prefeitura no Brasil; entre um prefeito holandês e um prefeito brasileiro.

A Holanda é uma monarquia parlamentar democrática. O sistema de eleição dos prefeitos é bem diferente do sistema brasileiro. Vejam.

O prefeito van der Laan (como todos os prefeitos na Holanda) é nomeado candidato pela Câmara dos Vereadores e sua designação como prefeito é decretada pelo governo federal (formalmente pelo Rei da Holanda, que age consultando seu ministério). O curioso é que o cargo de prefeito representa uma etapa na carreira político-administrativa dos políticos holandeses. O prefeito de cada cidade pode nunca ter morado na cidade e nunca ter sido eleito para nenhum posto eletivo. No caso, van der Laan é um político filiado ao PvdA (Partido do Trabalho) que tinha seu próprio escritório de advocacia; foi vereador de Amsterdam de 1990 a 1998; e de 2008 a 2010 foi Ministro da Habitação, Comunidades e Integração. No seu Currículo publicado na web, sua carreira administrativa (advogado, ministro, prefeito) aparece como um ítem separado da sua carreira política (membro do partido e vereador).

Em 2010, van der Laan foi designado para um mandato de seis anos. As eleições para vereadores ocorrem a cada quatro anos. Em 2014 o Partido do Trabalho levou uma surra nas urnas e ficou com apenas 10 das 45 cadeiras de vereador. Entretanto, como o mandato do prefeito vai até 2016, ele continua a governar embora tenha menos de 22% da Câmara com o seu partido. Além disso, pelo sistema holandês, o prefeito governa com um comitê executivo (equivalente, a grosso modo, às secretarias municipais). Todavia, os secretários são nomeados (e podem ser substituídos) pela Câmara. Atualmente van der Laan governa a cidade com um Comitê Executivo onde nenhum membro é do seu partido, todos os 8 "secretários" pertencem aos partidos que venceram as eleições de 2014 e formaram uma coalisão na câmara: o D66 (Democratas, de centro-esquerda), o VVD (Partido Popular Liberal Democrático, de centro-direita) e o PS (Partido Socialista, de esquerda).

Imaginem essa situação no Brasil, numa cidade como São Paulo: um prefeito de carreira, nomeado para um mandato de seis anos pela Presidente Dilma, mas governando com um secretariado de administradores nomeados pelo PSDB, PMDB e PSB... É um outro mundo, outra cultura, outra prefeitura.

O estilo pessoal do prefeito

Van der Laan tem um estilo tipicamente holandês: é modesto, faz piadas a respeito de si mesmo, evita parecer arrogante ou aparentar ser "melhor do que os outros". Muito diferente do estilo típico dos políticos e administradores públicos brasileiros, van der Laan está quase pedindo desculpas por estar numa posição de poder, administrando a cidade mais famosa da Holanda.

Seu discurso no evento da Embaixada Brasileira, realizado num salão de eventos que faz parte do estádio do Ajax, o Amsterdam Arena, foi um belo exemplo desse estilo.

Começou com uma caipirinha na mão e seu discurso e o microfone na outra, dizendo: "Me ofereceram isso aqui como sendo uma limonada e vocês sabem que eu sou um prefeito muito ingênuo..." Tomou um gole da caipirinha e continuou: "Eu gostei!"

"Quase não pude estar aqui com vocês hoje, pois essa semana toda minha esposa viajou e estou cuidando dos nossos filhos." Diga-se de passagem que ele tem cinco filhos, o que não é típico... "Só pude vir porque trouxe meus filhos junto e soltei-os no campo de futebol do estádio. Foi uma decisão arriscada, especialmente se vocês conhecem os meus filhos... Espero que vocês compreendam que preciso sair daqui a pouco, para pegar as crianças."

Na sociedade holandesa, é comum que os maridos tomem conta das crianças, se revezando nesse papel com suas esposas. A Holanda privilegia a qualidade de vida e o cuidar dos outros, em comparação com o desempenho.

Lá pelas tantas o prefeito deixou cair uma das páginas do discurso no chão. Comentou: "Só espero que tenha sido uma folha que eu já li..." e continuou.

Ao final do discurso, se atrapalhou com as folhas de papel (eram cinco) e exclamou: "Ah! Achei a última! Eu já ia botar a culpa nos meus filhos, acreditem, mas agora não preciso mais fazer isso..." E encerrou com mais algumas palavras sobre Amsterdam, uma cidade onde estão registrados moradores de 178 nacionalidades diferentes; e cujo prefeito nomeado por um monarca é mais democrático e acessível do que muitos que conheço em outras chamadas democracias.

11. Imigração

Nos anos 70 se discutia, no Brasil, mesmo em plena ditadura militar, modelos de desenvolvimento para o País. A esquerda, mesmo amordaçada, defendia o que na época se chamava "modelo chinês": uma economia fechada para o mundo exterior, totalmente voltada para o mercado doméstico. A direita defendia o "modelo sul-coreano": totalmente voltado para a exportação. É curioso revisitar esses modelos 40 anos depois: o modelo chinês de então foi pras cucuias... o atual modelo chinês surpreendeu os ortodoxos de direita e de esquerda.

O fato é que a globalização é irreversível, enquanto interconexão das economias nacionais. O próprio nacionalismo, inventado em 1800, está próximo de perder seu prazo de validade. Pior para os conservadores da direita, com seu militarismo nacionalista; e pior para os conservadores da esquerda, com seu isolacionismo infantil.

Naquela época (anos 70) se discutia muito o êxodo rural e como evita-lo. Trazia problemas para as grandes cidades superpovoadas e prejudicava a produção rural, essencial para a economia. O desafio era melhorar as condições de vida no meio rural, para que as pessoas não se sentissem compelidas a buscar a ilusão da cidade grande, que terminava na tragédia das favelas da periferia.

Pois bem, o problema da imigração em 2015 é o êxodo rural do planeta Terra. Se discute que a Europa precisa acolher os africanos e os EUA precisam acolher os latino-americanos. Os conservadores de direita querem muros nas fronteiras e deportação dos ilegais; os conservadores de esquerda querem acolher a todos, mas a verdade é que a África não cabe dentro da Europa e nem a América Latina cabe nos EUA (se bem que lá tem mais espaço).

O desafio será investir maciçamente na melhoria das condições de vida na África e na América Latina. Saúde, Educação, Segurança, Emprego.

Não há muro que segure quem luta pela sobrevivência. Fechar portas e janelas não vai adiantar. O mundo está integrado, o isolacionismo é inviável. O problema da Bolívia é brasileiro, também. O problema mexicano é americano também. A Turquia faz parte da Europa, mesmo contra a vontade da direita. A única saída é o desenvolvimento para todos.

Espero que o menininho sírio não tenha morrido em vão.

CULTURA BRASILEIRA

12.   Tire os seus fones

Dois brasileiros mudaram para os EUA e começaram a aprender inglês de forma intensiva. Para acelerar a aprendizagem, fizeram um pacto de só falar inglês entre si quando se encontravam no quartinho de pensão que haviam alugado. E na terceira semana de Estados Unidos, tiveram o seguinte diálogo:

Severino knocks on the door.

Valdomiro – Between!

Severino – And there, face! How is that is?

Valdomiro – All jewel! And you?

Severino – All on top. What that you are reading there?

Valdomiro – It's a book from George Loved: "Gabriela Carnation and Shin"...

Severino – That there already was... The hot now is Paul Rabbit!

Valdomiro – Iihh! Already know, already know. But I don't cure him no... Is half short star, no know no...

Severino – OK, each one, each one. Taste no discusses itself. Arrange one there for me too. I want to illustrate myself.

Valdomiro - Turn yourself, my license plate! I'm outside that one! Only have this one here.

Severino – Pô, but how did you unglue that one there?

Valdomiro – Achieved on the hammer, my! Stay on yours.

Severino – OK, stay cold. Without that one, I'm going to break for another. Went!

Valdomiro – Order yourself, my! Already goes afternoon!

Tradução literal:

Severino bate na porta.

Valdomiro – Entre!

Severino – E aí, cara! Como é que é?

Valdomiro – Tudo jóia! E você?

Severino – Tudo em cima. O que que você tá lendo aí?

Valdomiro – É um livro do Jorge Amado: "Gabriela Cravo e Canela"...

Severino – Isso aí já era... O quente agora é Paulo Coelho!

Valdomiro – Iihh! Já sei, já sei. Mas eu não curto ele não... É meio baixo astral, não sei não...

Severino – OK, cada um, cada um. Gosto não se discute. Arranja um aí pra mim também. Quero me ilustrar.

Valdomiro – Te vira, meu chapa! Tô fora dessa! Só tenho esse aqui.

Severino – Pô, mas como você descolou esse aí?

Valdomiro – Consegui na marra, meu! Fica na tua.

Severino – OK, fica frio. Sem essa, vou partir pra outra. Fui!

Valdomiro – Te manda, meu! Já vai tarde!

13. Brasil e Holanda

Há coisas típicas da Holanda, onde moro agora, que na verdade não me agradam nem um pouco. E há outras coisas das quais gosto muito e por isso continuo morando aqui. Há coisas típicas do Brasil, onde morei por 50 anos, das quais não tenho nenhuma saudade. E outras coisas que me fazem muita falta e das quais tenho muita saudade.

O que adoro na Holanda

Se eu tivesse de resumir a cultura toda do país numa única palavra, essa palavra seria "respeito".

Os holandeses respeitam muito as outras pessoas e é uma cultura muito igualitária. Você não precisa ser branco, nem se vestir bem, para ser respeitado. Qualquer pessoa, por mais maltrapilho que pareça, é tratado do mesmo jeito e todo mundo merece atenção. Todo mundo tem direito a ter uma opinião e todo mundo tem direito a ser ouvido. Nenhum assunto é tabu, tudo pode ser discutido abertamente.

No trânsito essas coisas estão espelhadas. As pessoas que trafegam em avenidas preferenciais, seguidamente diminuem a marcha e dão passagem para alguém que está numa transversal querendo entrar no fluxo, ou saindo de uma vaga de estacionamento, ou de uma garagem. As faixas de pedestre são respeitadas. Todo mundo pára logo que uma pessoa se aproxima da faixa na calçada, antes mesmo da pessoa colocar um pé na faixa.

Os transportes coletivos têm preferência, faz parte da mentalidade igualitária. Quem tem carro é considerado um privilegiado, portanto deve dar preferência aos muitos que andam de trem, de bonde ou de ônibus. Quando um ônibus está na parada de ônibus e liga o pisca-pisca porque pretende voltar à pista de rolamento, os veículos param e dão a preferência ao ônibus. Isso é tão diferente da atitude que sempre vi no Brasil, que inicialmente foi para mim um choque. Levei tempo para me acostumar com essa noção.

O trânsito é silencioso, ninguém buzina. Ninguém xinga a mãe gritando pela janela. As pessoas que rodam por uma faixa, numa avenida, permanecem naquela faixa. Se vão trocar de faixa, dão sinal com o pisca-pisca. Tudo muito civilizado e respeitoso.

A segurança, comparada a outros lugares, é muito maior. Não só em relação ao Brasil, mas também em relação aos Estados Unidos e a vários lugares na Europa. Adoro o fato de morar numa casa, aonde posso chegar sem me preocupar se há alguém suspeito do outro lado da rua, mesmo às três da manhã. Deixo o carro na rua, sei que vai estar lá e o CD player também. Posso passear com meu cachorro sem me preocupar em ser assaltado ou atropelado.

A poluição é mínima. As ruas são arborizadas, existem parques por toda parte. A água da torneira é potável, não preciso comprar água em garrafas de plástico.

As pessoas são francas, dizem o que pensam. Para o padrão carioca ou mineiro, parecem rudes. Para um gaúcho, acostumado a ser considerado rude no restante do Brasil, o estilo holandês de falar francamente me deixa muito à vontade.

Às pessoas (em geral) cumprem o que prometem. Quando alguém diz "não posso falar com você agora, te ligo de volta mais tarde" elas realmente fazem isso. Incrível, não? As pessoas são pontuais. Quando chegam cinco minutos atrasadas para um encontro ou reunião, pedem desculpas. Se vão se atrasar quinze minutos ou mais, ligam na frente para avisar e se dispõem a remarcar o compromisso, para não deixar o outro esperando.

Existe uma certa flexibilidade para acomodar exceções. Embora a primeira reação a um pedido seja sempre "desculpe, não é possível", se você insistir com firmeza e educação, ou se pedir com jeito, sem arrogância, justificando uma exceção, o pedido acaba atendido. Costumo dizer que o holandês é um alemão por fora (organizado, rígido) mas tem um brasileiro escondido dentro, que sempre dá "um jeitinho".

A polícia é muito atenciosa e bem educada. Os policiais batem papo com as pessoas. Quando atendem uma ocorrência na rua, seja um acidente de trânsito ou um pequeno furto, ajudam a preencher formulários de seguro e deixam um cartão de visitas para você voltar a falar com o policial que o atendeu, se necessário.

A medicina é socializada, igual para todos, mas tem um nível de qualidade bom, não excelente. Comparado com o que o Brasil oferece no INPS, a Holanda é uma maravilha. Mas o atendimento não se compara, em atenção e qualidade profissional, ao que se obtém nos melhores médicos e hospitais brasileiros, que são muito melhores. O problema, no Brasil, é que só uma minoria tem acesso a essa medicina de ótima qualidade e a maioria não.

As pessoas em geral são modestas, não arrogantes. Não gostam de "se exibir" ou contar vantagens. Valorizam uma boa conversa, longa e profunda, geralmente na qual expressam opiniões divergentes, mas sempre respeitando o outro, apesar da discordância. Uma expressão comum é: "OK, então concordamos em discordar!", mas ninguém fica magoado por isso. Uma boa discussão é algo muito valorizado.

O que detesto na Holanda

As pessoas não têm senso de urgência, para nada. Ninguém tem pressa. O trânsito roda devagar, o atendimento nas lojas e restaurantes é demorado.

As pessoas fazem uma coisa de cada vez, linearmente. Não existe *multitasking*. Atender dois clientes no balcão ao mesmo tempo, nem pensar.

É difícil encontrar alguém que saia do seu caminho para te ajudar. A atitude básica parece ser: "é, você tem um problema... se vire, e boa sorte!"

A primeira resposta diante de uma solicitação costuma ser "não é possível." Com muita conversa, discussão e uma história triste, até se consegue aquilo que inicialmente foi negado: mas a primeira resposta é sempre negativa.

É difícil comprar. As pessoas não gostam de vender... Você, como comprador de qualquer coisa, inclusive numa loja, precisa fazer um grande esforço para conseguir comprar o que quer. A posição "default" da mentalidade holandesa é não gastar, é economizar. E isso influencia a atitude dos vendedores, que preferem não vender... Por incrível que pareça.

Algumas pessoas (nem todas) desistem com uma facilidade impressionante. Se estão fazendo algo que se torna um pouco difícil, com facilidade desistem e simplesmente anunciam: "Não vai dar para fazer, não consegui."

As atendentes de loja não sabem fazer pacotes para presente. Demoram muito e o pacote ainda sai mal feito. No Brasil, seriam demitidas no primeiro dia.

Tolerância ao mau desempenho: na Holanda, a inclusividade tem um lado ruim; muita gente sem competência continua trabalhando e prejudicando aos outros com a sua incompetência. Os seus respectivos chefes toleram essa incompetência e o mau desempenho perdura e se perpetua, para desespero de colegas e clientes.

Existe o que chamo de "a ditadura das secretárias". Como a cultura é igualitária, existe também muita delegação para que assistentes e secretárias resolvam assuntos de rotina, sem consultar seus chefes. Entretanto, isso prejudica o tratamento de situações excepcionais. As secretárias tendem a tratar casos de exceção de forma burocrática, com o clássico "não é possível." O chefe, detentor de mais informações sobre o contexto, possuidor de sensibilidade mais refinada, e tendo autoridade para aprovar uma exceção diante de razões bem argumentadas, geralmente nem fica sabendo da solicitação: o caso todo fica na secretária, que decide pela opção que lhe der menos trabalho, sem examinar o mérito da questão.

Você tem que brigar com uma atendente de consultório para marcar uma consulta médica. A postura básica da atendente é a de que você não está realmente doente e que basta aguardar um ou dois dias para ver se você melhora sem precisar incomodar o médico. Para marcar a consulta, você precisa descrever seus sintomas, narrar seu histórico e persuadir a atendente de que uma consulta realmente se faz necessária.

O que mais me incomoda no Brasil

Autoritarismo: as pessoas gostam de dar a si mesmas mais autoridade do que realmente têm. Tratam os outros com desdém e exigem ser tratadas com deferência especial. Quando me tratam com deferência especial, fico constrangido, acho um tratamento exagerado e indevido. Quando me tratam com desdém, fico indignado.

Ostentação: para serem tratadas com deferência, as pessoas ostentam o que podem e o que não podem: gostam de exibir sua riqueza e seu poder, em todas as oportunidades, como crianças mimadas que dizem "viu? Viu? Eu sou mais rico do que você! Eu sou mais do que você!" Acho isso tudo de uma pobreza de espírito deprimente.

Lei de Gerson: as pessoas querem "levar vantagem" sobre os outros, passar os outros para trás, enganar os outros. Para mim, isso é a valorização da desonestidade, da trapaça. Até na religião católica existe uma santa chamada "Maria Passa Na Frente", para ajudar você a passar na frente dos seus problemas, como se estivesse furando a fila para chegar no céu... Um contra senso.

Prometer e não cumprir: muita gente promete com facilidade aquilo que já sabe que não vai fazer: desde o simples "vou ligar pra tomar um café" ou "estou chegando em cinco minutos", até o mais importante "a obra estará pronta na data marcada." Depois, vem as desculpas... "Pois é, não deu..." As pessoas nem se dão conta que esse comportamento é frequente e pega muito mal no exterior, onde é visto como uma tremenda falta de profissionalismo e seriedade.

Não responder a e-mails: o brasileiro não gosta de e-mails, prefere o contato pessoal, ou até um telefonema. Isso me parece uma falta de respeito: preferia receber um curto "agora não posso", ou "desculpe, vou responder amanhã, com mais calma." Ficar sem nenhuma resposta é uma grosseria, mas isso acontece no Brasil com grande frequência.

Delegar para cima: uma atitude de que "eu não sou responsável, a culpa não é minha," jogando a responsabilidade para o chefe, para a matriz, para o governo, para o bispo. As pessoas se colocam como vítimas das circunstâncias. "Não sou eu, a culpa é da nossa cultura!" Fica muito difícil mudar ou corrigir qualquer coisa, pois o responsável é sempre alguém que está mais acima, fora do alcance dos mortais.

Partir pra ignorância: diante de argumentos sólidos e sem possuir argumentos igualmente robustos, as pessoas deixam a discussão e partem para as ofensas pessoais. "Você é um iludido! Você é burro! Você não sabe do que está falando!" Nada disso sustenta as suas ideias, isso é apenas uma tentativa de desqualificar o outro, sem argumentar a questão em si.

Valorização do glamour fácil: a internet está cheia de receitas de fama instantânea. "Mude a cor dos seus olhos e seduza o amor da sua vida; como ficar rico sem fazer força; veja esse brasileiro que jantou com a Rainha da Inglaterra!" Existe uma carência muito grande de se sentir famoso, importante, valorizado; e as pessoas acham que existem formas fáceis e rápidas de se tornar glamoroso, basta encontrar a poção mágica. É uma infantilidade muito grande, constantemente reforçada pela mídia.

O que mais gosto da cultura brasileira

Afeto: as pessoas expressam afeição através de gestos e do toque da pele sobre a pele, a forma mais direta de afeto. As pessoas tocam umas as outras nas mãos, nos braços, no rosto, no cabelo; em abraços e beijos que fazem parte do seu hábito diário. Em outras culturas, principalmente nos EUA e no norte da Europa, a distância física entre as pessoas é maior e as pessoas evitam o contato físico direto. Quando acontece, sem querer, logo se constrangem e pedem perdão pela falta cometida.

Ajudar os outros: muita gente tem prazer genuíno em ajudar os outros. Saem do seu caminho para levar outra pessoa ao seu destino; dedicam tempo e energia para auxiliar pessoas que sequer conhecem.

Improviso: o brasileiro em geral consegue improvisar uma solução, ou pelo menos uma tentativa bem intencionada, diante de um problema inesperado. A reação inicial não é de desistência, mas sim de buscar uma alternativa que funcione.

Brincar e se divertir: as pessoas buscam a diversão, dentro e fora do trabalho. "A gente ganha pouco, mas se diverte" é uma frase da qual sempre gostei e que muitas vezes ouvi de meus colegas de trabalho. Se divertir junto com colegas e amigos, mesmo com assuntos sérios, ajuda a aliviar o fardo de executar tarefas desagradáveis ou enfrentar problemas graves.

Qualidade do atendimento face a face: o atendimento a clientes em centrais telefônicas é muito criticado, e com razão; mas o atendimento face-a-face geralmente é melhor do que em muitos outros países do mundo. A exceção é os Estados Unidos e também a Inglaterra, onde a valorização do desempenho faz com que o atendimento ao público, geralmente, seja bastante eficiente, rápido e agradável. Todavia, muitas vezes fica uma impressão de falsidade nesse atendimento: se nota que o sorriso é de plástico, ao invés de ser genuíno. No Brasil, por comparação, o atendimento é geralmente agradável e o sorriso é genuíno, mesmo quando muitas vezes o procedimento é falho, erros são cometidos ou o sistema está fora do ar. As coisas não funcionam, mas a pessoa que te atende, te trata bem.

14. O Edifício Brasil

O Edifício Brasil é um condomínio muito curioso, daqueles que servem de assunto para um romance moderno. Veja que tem 60 andares e nele moram 1.000 famílias! É muito interessante.

Os moradores estão divididos por andar, de acordo com a renda familiar: na cobertura moram os que ganham 60 SM (salários mínimos) por mês (724 x 60 = 43.440) ou mais. No primeiro andar moram as famílias com renda de 1 SM ou menos.

O prédio tem um formato peculiar: não é exatamente uma pirâmide, pois a base é tão larga e a cobertura tão estreita que o formato se assemelha mais ao de um parafuso invertido; além disso, o prédio é circular e não quadrado.

O primeiro andar é enorme, pois nele moram cerca de 40% dos residentes: são 400 apartamentos! Isso significa cerca de 18.00 metros quadrados (45m2 por apto), ou seja, esse andar tem um diâmetro de mais de 150 metros, o que não é pouco.

No segundo andar já moram bem menos: cerca de 32% dos residentes, ou seja 320 apartamentos, e o diâmetro é proporcionalmente menor. Vejam que nos dois primeiros andares temos 720 apartamentos de um total de 1.000. A partir daí o número de moradores (e o tamanho de cada andar) vai se reduzindo de forma mais dramática. 97% dos apartamentos (970) ficam nos dez primeiros andares, enquanto que três por cento ficam do 11º ao 60º andar. Se apenas 30 apartamentos tomam 50 andares, já dá para perceber que alguns desses apartamentos são duplex.

Nesses dez apartamentos superiores moram algumas pessoas famosas, mas todos pediram para permanecerem incógnitos. Posso revelar apenas que um é um grande empresário, outro é um banqueiro, um terceiro é um conhecido político. Há uma apresentadora de televisão, um jogador de futebol, um treinador e uma dupla sertaneja que não tem biografia autorizada.

Pesquisamos o nível educacional dos moradores do Ed. Brasil e constatamos algumas coisas peculiares: nos dez apartamentos superiores, nem todos os adultos têm curso superior completo. Na verdade, apenas seis terminaram a universidade; três só fizeram o secundário (o empresário, a apresentadora de televisão e um dos cantores). O jogador de futebol, embora milionário, não terminou nem o ensino básico. Em todo o prédio existem apenas 110 pessoas com diploma universitário, a maioria delas morando entre o terceiro e o vigésimo andar. 600 moradores não têm sequer o secundário completo.

Neste ano, como acontece a cada quatro, vai haver eleição para a função de síndico do prédio e para o conselho do condomínio. O pessoal está em polvorosa...

Imaginem que existem três candidatos para síndico, duas mulheres e um homem. Uma das candidatas mulheres é a Dona Vilma, do vigésimo andar, que é a síndica atual e quer continuar no cargo. Cerca de um terço dos moradores apoiam a Dona Vilma.

A segunda candidata é a Dona Mariana, que era muito amiga da Dona Vilma, mas depois que ela anunciou sua candidatura, as duas brigaram e agora não se falam mais. Ela mora no décimo andar e quer mudar uma porção de coisas no prédio. Cerca de um terço dos moradores já manifestaram apoio à Dona Mariana, ainda mais que ela ficou viúva recentemente, o marido morreu num desastre de avião.

O terceiro candidato é o "seu" Nécio, o político do 38º andar (ou melhor, do 38º ao 42º). Se você prestou atenção até aqui, pode estar pensando que ele tem apoio de cerca de um terço dos moradores (para fechar a conta), mas não é bem assim. Tem muita gente indecisa ou que não quis declarar sua preferencia. Só uns quinze moradores disseram apoiar o seu Nécio.

O curioso é o seguinte: desses quinze, é claro que dez são os que moram nos quarenta andares de cima. Mas tem uns cinco que moram nos outros andares. É muito pouco. Eu não entendo dessas coisas, mas acho muito difícil o "seu" Nécio conseguir o apoio do pessoal do décimo andar para baixo... e olha que eles são muita gente, são 970 apartamentos do total!

Talvez ele até seja o melhor qualificado (tem diploma), mas quero ver ele convencer o pessoal dos andares de baixo a votarem nele!

15.   O Edifício Brasil – Parte 2 (A Vingança)

O Edifício Brasil é um condomínio que tem 60 andares e nele moram 1.000 famílias!

Os moradores estão divididos por andar, de acordo com a renda familiar: na cobertura moram os que ganham 60 SM (salários mínimos) por mês (724 x 60 = 43.440) ou mais. No primeiro andar moram as famílias com renda de 1 SM ou menos.

O primeiro andar é enorme, pois nele moram cerca de 40% dos residentes: são 400 apartamentos! Isso significa cerca de 18.00 metros quadrados (45m2 por apto), ou seja, esse andar tem um diâmetro de mais de 150 metros, o que não é pouco.

No segundo andar já moram bem menos: cerca de 32% dos residentes, ou seja 320 apartamentos, e o diâmetro é proporcionalmente menor. Vejam que nos dois primeiros andares temos 720 apartamentos de um total de 1.000. A partir daí o número de moradores (e o tamanho de cada andar) vai se reduzindo de forma mais dramática. 97% dos apartamentos (970) ficam nos dez primeiros andares, enquanto que três por cento ficam do 11º ao 60º andar.

Na verdade, 20 apartamentos ficam do 11º ao vigésimo andar (dois por andar). Nos 40 andares superiores temos apenas dez apartamentos, cada qual com dois andares ou mais. A cobertura é um verdadeiro palácio vertical, com oito andares, piscina, heliponto e espaço gourmet, onde a cozinheira é o Alex Atala. O lavabo foi projetado pelo Niemeyer.

Pesquisamos alguns aspectos dos moradores do Ed. Brasil e constatamos que em todo o prédio existem apenas 110 pessoas com diploma universitário, a maioria delas morando entre o terceiro e o vigésimo andar. 600 moradores não têm sequer o secundário completo.

Neste ano, vai haver eleição para a função de síndico do prédio e o pessoal está em polvorosa... Há três candidatos: Dona Vilma, do vigésimo andar, que é a síndica atual e quer continuar no cargo; Dona Mariana, que mora no décimo andar e quer mudar uma porção de coisas no prédio; e o "seu" Nécio, o político do 38º andar.

Esses dias o seu Nécio ficou furioso porque alguém publicou uma matéria no jornal do condomínio espinafrando a candidatura dele. Mas acontece que no prédio só 6% das pessoas lêem jornais... Só eles é que se importam com o que sai publicado, os outros nem sequer sabem! Por outro lado, 97% dos moradores assistem TV. Portanto, na eleição, o jornal vai influenciar quase nada...

E a internet? Só 47%, menos da metade dos moradores acessa a internet, sendo que no primeiro andar 78% das pessoas nunca acessa. Quer dizer: essa história de que "tá todo mundo conectado" é mais uma fantasia da elite alienada do edifício... Só vale para os andares de cima.

Visitei o Edifício Brasil e fiquei preocupado: a Dona Vilma está fazendo uma campanha de raiva contra o pessoal dos andares de cima. Quando ela conversa com as pessoas no saguão do prédio e nos elevadores, fala mal do seu Nécio e xinga todo mundo que mora do quarto andar pra cima... Ela é muito violenta.

O seu Nécio, por outro lado, é de boa paz, mineirinho, fala manso... Mas às vezes me parece que ele não escuta aquilo que o pessoal do primeiro e do segundo andar pede pra fazer no prédio: querem uma creche pra deixar os filhos enquanto vão pro trabalho, um posto de saúde (afinal, são 1.000 famílias no edifício...) uma escolinha. Ao invés disso, ele fala em colocar um elevador mais rápido; isso só interessa quem mora nos andares de cima!

Me preocupa essa diferença de foco: a Dona Vilma, instigando o ódio dos andares de baixo contra os de cima; o seu Nécio, alienado das necessidades do pessoal dos primeiros andares. Isso não vai dar certo!

A Dona Mariana, por outro lado, fala em fazer mudanças mas tenta agradar uns e outros, no fim não vai agradar ninguém... Disse que vai botar uma capela do lado da portaria: isso dividiu os moradores, já tem gente que adorou e gente que detestou!

Isso tudo é ruim, pois alguns já estão falando até em mudar pra outro prédio, por causa dos bate-bocas entre quem apoia o seu Nécio, a Dona Vilma ou a Dona Mariana. Uma pena, pois o Edifício Brasil é tão lindo... Tá meio desgastado, precisando de uma boa reforma, mas justamente sobre isso nenhum dos candidatos fala!

16.   O Edifício Brasil – Parte 3 (A Comparação)

O Edifício Brasil é um condomínio que tem 60 andares e nele moram 1.000 famílias!

Os moradores estão divididos por andar, de acordo com a renda familiar: na cobertura moram os que ganham 60 SM (salários mínimos) por mês (724 x 60 = 43.440) ou mais. No primeiro andar moram as famílias com renda de 1 SM ou menos.

O primeiro andar é enorme, pois nele moram cerca de 40% dos residentes: são 400 apartamentos! No segundo andar já moram bem menos: cerca de 32% dos residentes, ou seja 320 apartamentos Vejam que nos dois primeiros andares temos 720 apartamentos de um total de 1.000. A partir daí o número de moradores (vai se reduzindo de forma mais dramática. 97% dos apartamentos (970) ficam nos dez primeiros andares, enquanto que três por cento ficam do 11º ao 60º andar.

Neste ano, vai haver eleição para síndico do prédio e há três candidatos: Dona Vilma, Dona Mariana, e o "seu" Nécio, o político do 38º andar. Tem muita gente insatisfeita no prédio e muitos falando em sair e ir morar noutro edifício. Resolvi dar uma olhada nos outros e comparar.

Uma das queixas mais frequentes dos moradores é sobre o condomínio. Quer dizer, só se queixa quem mora do quarto andar pra cima, pois só eles pagam condomínio. Quem mora do terceiro andar pra baixo (ganha 3SM ou menos) não paga condomínio e esses são 82% dos moradores. Os 18% que pagam condomínio se queixam que o preço é muito alto. A fórmula é meio complicada, o valor vai subindo de acordo com a renda, mas o máximo é 27.5% para quem mora do sexto andar para cima.

Como havia muitas queixas, fui visitar dois outros edifícios para ver como são as coisas por lá. Comecei pelo Edifício Estados Unidos, que é bem maior (moram 1.500 famílias). Descobri que lá todo mundo se queixa do condomínio também e o máximo é 39,6%. Mas só paga o máximo quem mora do 40º andar para cima. A partir do 8º andar, as pessoas pagam os 28% (no Brasil era a partir do sexto), mas o valor vai subindo. Ainda por cima, paga condomínio todo mundo que mora a partir do segundo andar. No Edifício Estados Unidos, isso significa que 92% dos moradores pagam condomínio, só 8% não pagam. Ou seja, quase todo mundo paga e ainda pagam mais caro... Não dá para usar esse edifício como argumento para reduzir o condomínio do Edifício Brasil.

Decidi procurar um outro edifício e encontrei um edifício bem diferente, o Edifício Holanda. Me chamou a atenção porque estava em obras de reforma, estavam pintando a fachada. Fui conversar com um morador que estava chegando e descobri muitas coisas interessantes.

Esse edifício é muito menor do que os outros dois: só tem 150 famílias, um décimo do tamanho do que eu acabara de visitar. O condomínio era bem mais caro: o máximo era 55% e isso já valia a partir do quinto andar! Só o pessoal do primeiro andar não pagava, todos os outros pagavam. Ao todo, 95% dos moradores pagavam condomínio e valores mais altos do que nos outros dois prédios. No entanto, pouca gente se queixava... o prédio tinha boa manutenção. Não era muito enfeitado, parecia mais simples, e não tinha aquela cobertura luxuosa do Edifício Brasil, com heliponto, piscina olímpica e elevador exclusivo com anúncio dos andares em gravação feita pelo Roberto Carlos. Nada disso, no Edifício Holanda tudo era mais simples e discreto, isso que lá morava uma princesa argentina... Apesar da princesa, não tinha ostentação. Aliás, não tinha nem porteiro, só porteiro eletrônico: era tudo automatizado e funcionava direitinho, mas sem firulas. Os apartamentos eram todos menores do que os outros prédios, mas custavam até mais caro, além do condomínio. Tinha poucas vagas para automóvel na garagem, mas tinha uma garagem especial só para bicicletas e todo mundo no edifício usava bicicleta diariamente, para ir ao trabalho, fazer compras... Não só para passear no domingo. Prédio estranho, esse... Pagavam mais caro por apartamentos menores, todo mundo pagava condomínio e os valores eram até o dobro daquilo que pagavam no Edifício Brasil.

É... Cheguei à conclusão que o pessoal do Edifício Brasil tem que pensar duas vezes antes de mudar de prédio!

17.   O Egito é o Brasil Amanhã?

De uma série que continua: "O Brasil que eu quero".

Escrevo do Cairo, onde o terceiro aniversário da revolução egípcia que derrubou Hosni Mubarak, ditador militar durante 30 anos, foi marcado por choques violentos entre extremistas secularistas e islamitas. Saldo das comemorações: 49 mortos e centenas de feridos (nos números oficiais; como sempre, há quem diga que os números são ainda piores).

No mesmo dia (25 de janeiro) São Paulo comemorava seu aniversário mais do que quatrocentão. Em meio às festas oficiais, houve em paralelo protestos contra a Copa do Mundo e rolezinhos frustrados. Os shoppings fecham suas portas e aquilo que começou como uma diversão de adolescentes agora é um fenômeno político e social que empolga os intelectuais e assusta a classe média.

O que tem a ver um 25 de janeiro com outro 25 de janeiro? Infelizmente, têm tudo a ver.

Decifra-me ou te devoro

Era o que dizia a esfinge, aos viajantes que passavam na sua praça de pedágio séculos atrás. O enigma a ser decifrado hoje é outro: diz respeito aos valores culturais subjacentes que sustentam a sociedade egípcia, ameaçada de se tornar insustentável, e que são os mesmos que sustentam a sociedade brasileira, o gigante que acordou de mau humor. Tanto o Egito quanto o Brasil são culturas do tipo Pirâmide, na tipologia que Huib Wursten desenvolveu, calcado nas pesquisas pioneiras do Professor Geert Hofstede. Os escores verificados no Brasil e no Egito são os seguintes:

Tabela 13.1 – Escores de alguns países das dimensões culturais

	Hierarquia	Individualismo	Desempenho	Controle da Incerteza	Orientação de Longo Prazo
Brasil	69	38	49	76	65
Egito	70	25	45	80	Não pesquisada
China	80	20	66	40	118
EUA	40	91	62	46	29
Alemanha	35	67	66	65	31

Qual o motivo da minha preocupação? A escalada do radicalismo e da violência. Nos últimos três anos, passei mais tempo no Egito do que no Brasil, em função do meu trabalho (sou brasileiro, mas minha base profissional e residência são na Holanda). Testemunhei a guerra urbana crescente entre os radicais secularistas, de um lado, e os radicais islamitas, de outro. O Egito está dividido em três terços mais ou menos equivalentes em tamanho. No meio estão os moderados, que estão mais divididos e menos organizados do que os radicais. Quando dois querem brigar, quem está no meio para apartar acaba apanhando dos outros dois.

Enganam-se aqueles que colocam os militares no papel de vilões no conflito egípcio. As forças armadas (no Egito e em qualquer outro país) só se sustentam como força política quando têm o apoio de boa parcela da população, geralmente a parcela mais abastada e conservadora, interessada em manter seus privilégios. A classe dos guerreiros de qualquer tribo (os militares) costuma ser manipulada para servir aos interesses daqueles que detêm o poder econômico. A violência no Egito é incitada e executada pelos radicais de direita e de esquerda, islamitas e secularistas. Os militares apoiam a direita, mas quem atira nos manifestantes é a polícia de choque e não o exército. Os policiais à paisana pegam em armas e cometem atrocidades que assustam os soldados, os quais são na maioria garotos imberbes que carecem de qualificação para serem tão cruéis.

O que assusta, no Egito, é que os radicais não deixam espaço para o diálogo. Advogam abertamente, de ambos os lados, que a única solução para a divergência de idéias é a luta armada, é o assassinato em massa dos seus oponentes.

E o Brasil, é muito diferente disso?

Me assusta ver o crescimento das expressões radicais nas redes sociais, nas conversas de bar, no jornalismo cada vez mais Alcione. Com que facilidade se levanta a voz para gritar "morte aos petralhas" ou "tucano, só matando"... Por enquanto, parece briga de malandro: é muito grito e pouca ação de verdade; mas os ânimos estão se acirrando, o pessoal está se exaltando. Os "black blocs" começaram sendo taxados de vândalos infiltrados; agora já estão sendo justificados como atores políticos que expressam a insatisfação das massas contra um governo opressor. Já os governos estaduais parecem que só conseguem conter manifestações de protesto na base da porrada desenfreada. O que me preocupa é a apologia da violência, de parte a parte.

Dizem os frequentadores dos shoppings que os "rolezinhos" "são um ultraje!". Minha sócia lembrou do "Ultraje a Rigor", banda de rock paulista debochada, já antiga (é do século passado), e o seu hit "Vamos invadir sua praia!". Pois é, praia de paulista é shopping center, então o refrão foi atualizado: "vamos invadir seu shopping!". Só que um deboche adolescente está sendo tratado como estopim de uma guerra de classes. Toda guerra é estúpida e burra.

As causas de tudo isso, tanto no Egito como no Brasil, estão nos valores subjacentes de cada cultura, no inconsciente coletivo de cada sociedade. Jung falava nisso como algo hermético e obscuro. Pois bem, Hofstede surgiu e mediu o inconsciente coletivo. Agora isso é palpável e quantificado, com validade científica e coeficiente de fidedignidade estatística. Os números estão aí e contam uma história fascinante e terrível.

A Pirâmide Social

Na dimensão da hierarquia, ou Distância de Poder (DIP), Brasil e Egito têm quase o mesmo escore e é um escore elevado. Significa que nessas sociedades se acredita que vivemos num mundo desigual, onde algumas pessoas têm muito mais poder do que outras. Vigora a crença de que a desigualdade é uma realidade a ser aceita. O que cada um deve fazer é tentar escalar a Pirâmide Social e se posicionar numa posição vantajosa em relação aos demais. Manda quem pode e obedece quem tem juízo. Cada macaco no seu galho.

Os símbolos de poder e de autoridade são importantes e precisam ser ostentados, para que todos saibam qual é a quantidade de poder que você tem. Isso acontece em cada degrau da pirâmide. O mestre de obra se diferencia do pedreiro; a presidente se diferencia do ministro. Ao longo de cada nível, as pessoas procuram ostentar, conforme a sua quantidade de poder. Ou melhor, geralmente procuram aparentar ter mais poder do que realmente possuem. Cada nível social tem suas roupas de grife, suas bijuterias, jóias, relógios, automóveis, etc. Cada um tem sua marca de sapato, de relógio e de bolsa. A classe pobre sonha em ser classe média, a classe média sonha em ser classe alta, a classe alta sonha em ser americano e morar em Miami. Gente de todas as idades entra no esquema. Nos "rolezinhos" os adolescentes aparecem de boné, tênis e roupa de grife. Em busca das grifes se assalta e se mata.

No trabalho a hierarquia dá o tom. O chefe nunca é contestado, sempre tem razão. As pessoas têm medo de dar sua opinião, de fazer perguntas que desagradem. Isso começou na escola, onde aprendemos a não discutir com os professores, até antes disso, em casa, onde o pai e a mãe devem ser tratados de "senhor" e "senhora".

Nenhuma cultura é melhor ou pior do que a outra, mas cada uma tem seus problemas, suas qualidades e seus defeitos. Nas culturas de alta DIP o problema mais evidente é a corrupção. O poder corrompe; o poder absoluto corrompe absolutamente. Numa sociedade onde cada um busca exercer o poder no seu respectivo degrau da hierarquia, a corrupção existe não apenas nos altos escalões, mas em todos os níveis.

A delícia dos grupos

Na dimensão "Individualismo versus Coletivismo" (IDV) tanto Brasil quanto Egito são coletivistas. Individualistas são os americanos, com escore de 91. Abaixo de 50 somos todos coletivistas. Isso significa que valorizamos o fato de pertencer a certos grupos. Esses grupos nos ajudam, tomam conta de nós, em troca da nossa fidelidade. Os relacionamentos, portanto, são mais importantes do que as tarefas. Existe um lado muito belo nisso tudo, que diz respeito às amizades, que são duradouras. E existe um lado muito feio nisso tudo, que diz respeito à falta de respeito por quem não é seu amigo. Aos amigos, tudo; aos demais, os rigores da lei. Isso significa que a lei não vale para todos, não é universal. Combinando a alta DIP e baixo IDV, o que se vê é que a lei não vale para quem tem poder e não vale para quem é amigo dos poderosos.

No Brasil (e no Egito) se valoriza tudo aquilo que é "exclusivo". Se valoriza aquilo que "é só para você e seus amigos", todos os demais estão... excluídos. Nossas sociedades são exclusivistas. Não admira que a maioria do povo se sinta excluído de quase tudo: a propaganda na TV, jornais, revistas, enfatiza como é bacana ter algo exclusivo. O "ter" passa a ser mais importante do que o "ser", pois as posses materiais alardeiam o poder que você tem, os grupos a que você pertence. Dize-me com quem andas e dir-te-ei quem és.

A combinação de alta DIP com Coletivismo facilita a eclosão de conflitos entre grupos: nós contra eles. O nosso grupo tentando subir na hierarquia, excluindo os grupos diferentes do nosso. O perigo é a escalada de radicalização. Nas sociedades coletivistas e de alta DIP o pensamento crítico costuma ser menos desenvolvido. Ninguém quer contrariar o chefe e ninguém quer contrariar os seus próprios amigos. Isso pode levar um grupo todo a fazer bobagens, pela falta de alguém que conteste a bobagem dominante. As ideias radicais são simplistas, distorcem a realidade e minimizam a complexidade da vida. Podem facilmente descambar para a violência. Por isso, são perigosas. Esse é o lado tenebroso das culturas coletivistas.

O Desempenho e a Qualidade de vida

Essa dimensão tem a ver com um dilema: o que tendemos a escolher, em situações nas quais precisamos optar entre valorizar o bom desempenho ou valorizar a qualidade de vida? É mais importante jantar com a família ou trabalhar até tarde para terminar aquele relatório no prazo definido? Diferentes sociedades apresentam respostas diferentes para esse dilema. No Japão, o escore mais alto do planeta (95), as pessoas se dedicam ao extremo na direção do desempenho. A família fica nitidamente em segundo plano. Na Suécia, escore mais baixo de todos (5), estar com a família vem em primeiro lugar, se o projeto atrasar um dia isso não será o fim do mundo.

O escore do Brasil é intermediário. Entre os estereótipos do paulista que não pode parar (de trabalhar) e do baiano preguiçoso, ficamos, na média, com um escore médio (49). O Egito pende um pouco mais para a qualidade de vida, mas não muito longe de nós. Ambos ficamos bem abaixo dos EUA, da Alemanha e da China (66) onde o desempenho é mais valorizado. Isso se vê não só no trabalho, mas em tudo, inclusive no atletismo e nos esportes em geral.

O Controle da Incerteza (CDI)

Nessa dimensão nosso escore é elevado (também no Egito) e o significado está em usar mecanismos inconscientes para evitar a ambiguidade. As sociedades de alto CDI valorizam a religião e a superstição, que são formas de evitar que coisas ruins nos aconteçam. Os brasileiros são tão religiosos que muita gente pratica mais de uma religião: se dizem católicos mas também frequentam um terreiro de Umbanda, ou uma sessão espírita, diante de uma grande necessidade. A flexibilidade (vide próximo tópico) reforça o uso de vários mecanismos que possam ser úteis, mesmo que pareçam contraditórios.

Orientação de Longo Prazo

Essa dimensão (OLP) tem um nome enganador, pois não se trata exatamente de pensar sempre no longo prazo em termos de planejamento. Se trata, na verdade, de flexibilidade (escore alto) versus rigidez na aplicação de normas formais e informais (escore baixo). O Brasil tem um escore de 65, relativamente alto se comparado com a Alemanha (31) ou os EUA (29), embora seja muito baixo do que o escore da China, que é de 118, o mais alto do mundo.

O Egito não foi pesquisado quanto a essa dimensão. Talvez aí esteja a diferença maior com o Brasil. As sociedades de baixa OLP favorecem o radicalismo, pois possuem menor tolerância às ideias contrárias à cultura dominante. Aquilo que se considera "certo" é seguido com muita disciplina e pouca margem para atalhos e desvios.

O que o escore brasileiro significa, em poucas palavras, é que nessas sociedades (de alta OLP) os fins justificam os meios. Nós brasileiros temos orgulho da nossa flexibilidade, da nossa criatividade e da nossa capacidade de improvisação. Tudo isso está ligado à alta OLP, que significa valorizar o fato de que há muitas maneiras diferentes de se chegar aonde queremos. Não existe um caminho único válido, em detrimento dos demais. Existe maior tolerância a ideias contraditórias. Infelizmente, existe também maior tolerância à corrupção.

A ligação com prazos mais longos está ligada a um sentimento (consciente e inconsciente) de esperança, de que tudo vai dar certo, algum dia. O brasileiro típico tem uma fé no futuro distante que é admirável, considerando todas as dificuldades enfrentadas no curto prazo. Essa combinação de fé no futuro e de flexibilidade para chegar lá é o que evitou, na nossa história distante e recente, que a radicalização nos levasse a uma guerra civil que dividisse o país. A "turma do deixa-disso" predominou sobre os radicais que queriam sangue, de um lado e de outro. Tivemos nossas lutas, sim, nossas masmorras e torturadores; todavia, nossa violência fratricida ainda é menor do que aquela que se viu e se vê em outras culturas.

O mais importante disso tudo, entretanto, não é o passado e sim o que podemos fazer no presente para direcionar o nosso futuro. O que devemos fazer para que a radicalização deixe de se propagar? O que devemos fazer para formar uma cultura mais justa para nossos filhos e netos, sem precisar passar por um banho de sangue no caminho? Tanto no Egito como no Brasil, o problema central é a concentração de renda excessiva numa elite de pequeno tamanho e grande pobreza de espírito. Essas elites só pensam em manter seus privilégios, pouco se preocupam com o país como um todo e não ligam para o que acontece com os grupos dos quais não fazem parte. Os outros que se explodam. Se as elites brasileiras e egípcias não se mobilizarem para mudar a situação dos respectivos países, correm o risco de se tornarem vítimas do seu descaso para com a maioria da população, pobre e desqualificada.

O Brasil que eu quero

É um país com mais educação, no seu sentido mais amplo. Precisamos desenvolver mais a cidadania, o respeito, a valorização da diversidade e da equivalência, ou seja: somos todos diferentes, mas ninguém é necessariamente melhor do que o outro. Temos todos o mesmo valor como seres humanos, tanto os que usam mocassim italiano como os que usam chinelo de dedo. Precisamos desenvolver maior entendimento da nossa própria cultura, dos nossos próprios valores. Quero menos imitação cega de modelos americanos e europeus, e mais discussão aberta sobre o país que queremos ser. Essa discussão começa e termina com o entendimento dos nossos valores culturais.

Sócrates (não o corintiano, o ateniense) prescreveu: conhece-te a ti mesmo, antes de tudo. Para fazer um país melhor, precisamos conhecer a nós mesmos, entender nossa cultura, nossos valores. O resto é fácil... Um dia tudo pode dar certo, mas somente se decidirmos mudar nosso futuro, para que amanhã sejamos não o Egito, mas uma versão melhor do próprio Brasil.

18. O que temos a aprender e a ensinar

Dizem que o Brasil sofre de um complexo de inferioridade de vira-lata: por sermos uma mescla de raças e culturas, sentimo-nos inferiores à Europa e aos Estados Unidos, vistos como "primeiro mundo" e como "raças puras".

É claro que a porção mais educada da população brasileira é "politicamente correta" e como tal não fala em "raça pura" abertamente. Todavia, a verdade é que o preconceito racial sobrevive no Brasil de maneira escondida, dissimulada, no seio dessa nossa classe média de melhor educação. Entretanto, essa porção do Brasil representa cerca de 1%, na estimativa mais otimista. Nossa triste realidade é que 99% da população não lê jornais nem revistas, assiste TV apenas para ver novelas e programas de auditório e é racista sim, com tudo o que o termo possa provocar de nauseabundo, sem disfarce nem preocupação com o que é politicamente correto.

Esse racismo é a força que sustenta nossa admiração pelo primeiro mundo; isso nos condena a sermos eterno "terceiro mundo", país subdesenvolvido, em que pese os neologismos eufemísticos de "mercados emergentes" e "países em desenvolvimento", termos criados no "primeiro mundo" para aliviar sua culpa por séculos de genocídio e exploração de recursos naturais até a exaustão. Nós, dominados, colonizados e explorados, seduzidos e abandonados, aplaudimos esses eufemismos sem compreender que representam a continuidade de nossa condenação a um papel de terceiro plano. Sim, passar a um segundo plano já seria uma "promoção"...

O pior aspecto dessa realidade é seguir pensando em termos dicotômicos e simplórios: o hemisfério norte tem tudo o que é bom; o hemisfério sul encerra tudo o que é ruim.

O que nos seria mais útil fosse talvez uma visão mais objetiva e menos dicotômica: examinar as culturas do Brasil, dos Estados Unidos e da Europa sob uma luz menos apaixonada, removendo os óculos tingidos por nossa própria cultura através dos quais percebemos o mundo. Se analisarmos nosso país e os outros em termos das dimensões de valores culturais que constituem o seu cerne, poderemos enxergar que nenhuma cultura é melhor do que a outra; nenhuma raça é melhor do que outra. Em termos raciais, talvez se possa inclusive concluir que "quanto mais mistura, melhor..." A mistura racial pode gerar um indivíduo geneticamente mais completo e mais capaz de sobreviver às mudanças do futuro do que qualquer produto de uma "raça pura". Pensar que o mulato é na verdade superior tanto ao branco quanto ao negro é um conceito que me parece atraente e divertido, quanto mais não seja para desequilibrar o pensamento arcaico, que ainda vigora na maioria silenciosa e na ala mais conservadora da população (no Brasil e lá fora). Chegamos à conclusão que o "vira-lata" pode ser mais capaz, mais resiliente e mais apto a evoluir do que o espécime de "raça pura".

Você não é melhor que ninguém, seu merda!

Me perdoem a linguagem vulgar; eu deveria empregar uma terminologia mais polida e elegante, me expressando de outra maneira: "Vossa Senhoria não é melhor do que ninguém, Doutor Merda!"

O que quero dizer é que precisamos sair da esquizofrenia de achar que estamos presos entre o complexo de inferioridade de nos considerarmos piores do que todo mundo e a reação paranoide, megalômana e onipotente de nos acharmos melhores do que todo mundo. Somos tão bons e tão maus como todo mundo; a cultura brasileira, em termos dos seus valores nucleares, encerra aspectos positivos e negativos, não é nem melhor nem pior do que qualquer outra. Ela merece um exame comparativo mais sóbrio e voltado para o pragmatismo. Se na prática a teoria é outra, pode ser interessante fazer essa análise em termos das implicações práticas das distintas culturas identificadas no Brasil, nos EUA e na Europa.

Forever Jung: o inconsciente coletivo, agora em imagens

Os valores culturais fazem parte do nosso Superego, representam o seu aspecto coletivo. Nos últimos 40 anos se tornou possível medir esses valores como "dimensões" culturais e diferentes autores propõem modelos distintos para descrever essas dimensões. Geert Hofstede foi o pioneiro na mensuração dessas dimensões, mas depois dele surgiram diversos autores com aportes adicionais bastante interessantes, tratando das aplicações práticas dos modelos acadêmicos do século passado. Huib Wursten, um consultor holandês que trabalhou com Hofstede nos anos 90, desenvolveu seis "Imagens Mentais" que traduzem os números de Hofstede em termos mais facilmente aplicados em situações de grupo e no aconselhamento de líderes de equipes. Estou escrevendo meu terceiro livro em parceria com Huib Wursten, tratando justamente da aplicação prática dessas seis imagens.

A primeira dessas imagens corresponde às culturas ditas "de Competição". Essas culturas nacionais e organizacionais são caracterizadas por baixa hierarquia, forte valorização dos indivíduos e do desempenho individual, apetite pelo risco e uma tendência normativa de ver o mundo como "preto" ou "branco". A realidade é vista como polarizada entre forças opostas, cujo choque resulta em algo positivo. A confrontação e o conflito são aceitos, o destaque individual é valorizado, a meritocracia é um valor basilar. Essa cultura é encontrada principalmente nas organizações americanas e inglesas.

A segunda imagem corresponde às culturas ditas do tipo "Pirâmide Social", dentre as quais o Brasil é um dos exemplos evidentes: são culturas hierárquicas e coletivistas, onde a expressão individual fica subordinada ao poder da chefia e à vontade do grupo; a harmonia grupal é mais importante do que o desempenho; os relacionamentos são mais importantes do que a meritocracia; e a noção de relativismo predomina na aplicação das normas.

A "Engrenagem" é a imagem que descreve organizações e culturas voltadas para normas, processos, planejamento e estruturação. As organizações germânicas são o melhor exemplo dessas culturas.

A quarta imagem se refere às culturas do tipo "Rede", muito encontradas na Escandinávia. O que diferencia essas culturas é o fato de privilegiarem a qualidade de vida sobre a meritocracia. A quinta imagem é chamada de "Família Tradicional" e é muito encontrada nos países asiáticos. Tem características semelhantes à Pirâmide Social, mas se diferencia por suprimir a expressão de emoções e por ter maior apetite pelo risco. A sexta imagem é denominada "Sistema Solar" e tem características curiosas: a hierarquia é respeitada, mas também se valoriza a liberdade individual e essas duas coisas se contradizem e caracterizam uma tensão constante. Muitas organizações francesas, italianas e espanholas têm culturas desse tipo.

O que se aprende, o que se ensina?

No Brasil gostamos de falar da nossa criatividade, flexibilidade e capacidade de improvisar. Vemos o lado positivo dessas características, mas não percebemos que, para outras culturas, os mesmos comportamentos podem ser vistos como sinais de falta de disciplina, irresponsabilidade e planejamento deficiente. A flexibilidade gera um ambiente muito propício para a proliferação da corrupção. Embora uma parcela crescente da população brasileira expresse indignação diante da corrupção, os mesmos que assim se expressam cometem pequenos atos de corrupção no seu dia-a-dia e racionalizam que isso é necessário para obter o que necessitam.

Os mesmos comportamentos podem ser avaliados como positivos ou negativos. A base desse julgamento está nos valores subjacentes da cultura, nos valores de quem julga, muito mais do que na situação observada em si. Aos olhos dos alemães, o Brasil "não é um país sério", é indisciplinado demais. Aos nossos próprios olhos, somos alegres e espontâneos, sabemos aproveitar a vida. Entretanto, a cultura não é um fenômeno para ser apenas observado em pesquisa, analisado em congressos acadêmicos e deixado de lado. A cultura pode ser influenciada, modificada e direcionada de acordo com um estilo desejado. Por outro lado, certamente é mais fácil fazer isso com um grupo ou uma organização, do que com uma cidade ou um país.

Os gestores de equipes brasileiros podem aprender com os americanos a focar os resultados, valorizar a contribuição individual, assumir responsabilidades individuais e respeitar a privacidade alheia. Todavia, o importante é entender que desenvolver esses aspectos não tem como propósito transformar uma equipe brasileira numa equipe americana. O que se busca é modular os comportamentos, não transformá-los de maneira radical. A equipe brasileira provavelmente tem um "espírito de grupo" mais gratificante, pode ser mais coesa do que a americana. O segredo do sucesso está em "aparar as arestas" sem prejudicar os pontos fortes que a equipe já possui.

De maneira semelhante, as equipes americanas podem aprender com as brasileiras a terem mais "jogo de cintura": utilizar seus recursos de forma criativa, improvisar soluções com recursos escassos, desenvolver confiança mútua e relações interpessoais mais gratificantes. Com isso não serão transformadas em brasileiras; apenas terão um perfil mais completo e equilibrado. "No meio está a virtude". Em qualquer cultura, uma equipe pode se encontrar numa posição voltada em demasia para um determinado extremo. Pode aprender com outra equipe, de outra cultura, a sair desse extremo e buscar um ponto de equilíbrio, sem necessariamente fazer um movimento pendular de um extremo a outro.

Em última instância, compete aos integrantes do grupo decidir qual é a sua "cultura grupal desejada" e qual será sua estratégia de mudança a adotar para realizar o que desejam. Conhecer melhor seus próprios valores subjacentes e entender os valores subjacentes de outras culturas ajudará a esclarecer quem somos, como equipe, e quem desejamos ser.

19.   O MBA no Brasil

Tenho um amigo que fala: "MBA é a sigla para "Modelo Brasileiro de Administração" . É o que os brasileiros que fazem seu "MBA" nos Estados Unidos realmente fazem, na prática, ao trabalhar no Brasil. Não tem nada a ver com o que ensinam em Harvard!"

Segundo ele, os gestores brasileiros são autoritários, evitam confrontação e conflitos, são preguiçosos, emotivos e sem disciplina. Tivemos longas discussões, que levaram a este texto.

Óculos Coloridos

Todo mundo tem uma opinião sobre cultura. Para levar nossa discussão a uma conclusão, eu e meu amigo fomos "buscar a ajuda dos universitários": consultamos os estudiosos de cultura que trabalham com o Prof. Geert Hofstede, um holandês que foi o grande pioneiro do estudo científico da cultura e que pesquisa o assunto desde 1970.

Segundo Hofstede, todos nós percebemos o mundo com "óculos coloridos", uma espécie de filtro cuja cor é determinada pelos valores de cada cultura. Todos vemos a realidade de forma "tingida" por nossa própria cultura. Tudo aquilo que nos parece similar a nossa cultura é "bom", tudo o que parece diferente é "mau", ou "errado". Na verdade, nenhuma cultura é melhor do que a outra, no mundo inteiro.

A nossa cultura influencia tudo o que fazemos, inclusive nossa maneira de administrar. Cada cultura tem seu próprio "modelo de gestão", considerado "melhor", embora na verdade seja apenas "diferente" dos outros. No Brasil, temos uma complicação adicional: muita gente idealiza o modelo americano de gestão e considera que aquele, sim, é "o melhor do mundo." Essas pessoas não percebem que o modelo americano é apenas mais um modelo, que funciona muito bem nos Estados Unidos e não funciona tão bem fora de lá.

Como não existe uma cultura "certa", (nem um modelo de gestão "certo") todos os estudos de cultura são, por definição, comparativos. Sendo assim, podemos comparar o modelo brasileiro com os de outros países, sem nunca poder afirmar quem um seja melhor do que o outro.

Hofstede (e seus seguidores) pesquisou culturas e práticas de gestão em mais de cem países. As pesquisas continuam até hoje, conduzidas por diferentes estudiosos. Essas pesquisas sempre comparam as práticas encontradas num país com as práticas encontradas em outros. O que dizem as pesquisas sobre o Brasil?

O Brasil Visto Por Não-Brasileiros

O meu amigo mencionado no começo é um inglês. Ele adora o Brasil e os brasileiros, mas tem uma visão crítica sobre a maneira como os gerentes brasileiros administram suas equipes e negócios. É claro que meu amigo está olhando para o Brasil com seus "óculos ingleses", coloridos pela maneira como ele foi educado na Inglaterra.

Ao comparar os modelos de gestão dos dois países, usando a metodologia de Hofstede, se verifica que a Inglaterra adota um modelo do tipo "Competição" enquanto que no Brasil o que se vê mais é um modelo do tipo "Pirâmide Social".

O modelo "Competição" é o ensinado em Harvard e em todas as "Business Schools" de cultura anglo-saxônica: EUA, Inglaterra, Austrália, Canadá e Nova Zelândia. Esse modelo valoriza os resultados acima de tudo, a competição, o estabelecimento de metas claras, estruturas enxutas e igualitárias (quanto menos níveis hierárquicos, melhor). A responsabilidade individual é um dos seus valores centrais. O modelo também valoriza a racionalidade, a tomada de decisão pelo líder competente, a supressão das emoções e algo que Hofstede chama de "normatividade": o que é, é; o que não é, não é.

Parece relativamente simples, não é mesmo? Esses princípios nos soam familiares, pois certamente já os vimos antes, nas faculdades que cursamos ou em qualquer "best-seller" de gestão empresarial. Michael Porter se tornou um "guru" de gestão ao escrever "Vantagem Competitiva" e suas idéias estão todas baseadas no modelo de gestão do tipo "Competição".

Acontece que esse modelo é totalmente calcado nos valores da cultura anglo saxônica. Ele é sem dúvida bem sucedido naquelas culturas. O erro é pensar que ele é um modelo "universal", que será igualmente bem sucedido em qualquer cultura. O erro cometido no Brasil com enorme e triste frequência é o de achar que aquilo que se ensina em Harvard é a verdade absoluta e se aplica com igual validade nas terras tupiniquins. Harvard é ótima para as culturas anglo-saxônicas, mas 96% da população do mundo vive em outras culturas, com outros valores. Aplicar o modelo de Harvard em Tijuana já não funciona tão bem; aplica-lo na Tijuca ou em Tiananmen pode ser pior ainda.

Na Prática, A Teoria É Outra

Se você for verificar como as empresas brasileiras, na sua grande maioria, são gerenciadas no dia-a-dia, vai constatar uma realidade diferente do que consta nos manuais que vêm das matrizes americanas e inglesas.

O Modelo Brasileiro de Gestão é calcado, principalmente, na hierarquia. O chefe é chefe, o resto é detalhe. Manda quem pode, obedece quem tem juízo. O cliente é o rei, mas o chefe é Deus. O chefe pode trabalhar de porta aberta, mas poucos são os que se atrevem "a incomodar o chefe"... Esse respeito pela hierarquia, típico das culturas do tipo "Pirâmide Social", não é apenas decorrente do comportamento do chefe. Acontece também por uma determinação até inconsciente dos subordinados, que aprenderam desde cedo que, no mundo, algumas pessoas (os chefes) têm mais poder do que outras (os subordinados). É um dado de realidade (nessas sociedades).

Nas empresas brasileiras se evita a confrontação e o conflito. Mais importante, nas culturas coletivistas como o Brasil, é manter a harmonia do grupo. Por causa disso, e também pelo respeito à hierarquia, se evitam as discussões (principalmente com o chefe). Os conflitos são tratados com "panos quentes". As pessoas que discordam umas das outras, logo se sentem ofendidas e levam as coisas para o lado pessoal. Por isso, também, se evitam as discussões e os conflitos.

Em termos de foco nos resultados, a situação também é diferente no Brasil. A cultura brasileira tem um certo equilíbrio entre a valorização do desempenho e a valorização da qualidade de vida. Nas culturas anglo-saxônicas, o desempenho é mais valorizado do que a qualidade de vida. No Brasil, ouvimos sempre o mantra de que o foco nos resultados é fundamental para a boa gestão; no entanto, esse mantra vem dos Estados Unidos e da Inglaterra, que publicam dois terços dos livros de administração no mundo. Existem empresas multinacionais de sucesso mundial que vêm de outras culturas, nas quais a valorização da qualidade de vida predomina. Isso não impede que essas organizações tenham sucesso global; ocorre que seu sucesso está calcado em outros valores.

Planejamento ou mandinga?

O Brasil tem reputação internacional pela deficiência em planejamento. O Modelo Brasileiro de Gestão é forte em flexibilidade e improvisação, mas tem no planejamento e na disciplina os seus pontos fracos. O importante aqui é encarar esse aspecto com a devida perspectiva. É óbvio que meu amigo inglês, com seus óculos da cultura inglesa, considera que o planejamento e a disciplina são mais importantes. Para ele, esses aspectos são "universais"; na verdade, não são.

As empresas brasileiras podem ser bem sucedidas apesar do planejamento deficiente e da pouca disciplina; isso acontece em outras culturas também. Não somos os únicos que não têm no planejamento o seu ponto forte. Nosso problema é comparar nossas características com os americanos e ingleses e achar que estamos nos comparando com "a verdade". "A verdade" não é americana nem inglesa; em termos culturais, não existe verdade absoluta, apenas diferenças. Outros modelos de gestão são bem sucedidos também e o modelo brasileiro é um deles. Devemos ter autocrítica, sem dúvida, sempre é possível melhorar. Todavia, o caminho para o sucesso envolve reconhecer que a simples adoção de um modelo estrangeiro, sem adaptação, vai trazer resultados piores ainda e não melhores. Usar práticas mais coerentes com nossos valores culturais pode ser muito mais efetivo.

A improvisação e a flexibilidade podem e devem ser encarados como pontos fortes que são e não como defeitos. Ficar brigando contra os valores da própria cultura acaba desviando muita energia. Melhor é dirigir toda a energia para reforçar os valores culturais e tirar o máximo proveito destes. Um exemplo nesse sentido é oferecido pela Odebrecht: na sua cultura organizacional se valoriza a rápida correção de erros de planejamento. Desta forma, a flexibilidade e a improvisação podem compensar um plano mal feito. Empresas de outras culturas muitas vezes têm dificuldade para corrigir o planejamento, pois tendem a valorizar a disciplina em seguir o plano traçado; existe uma tendência a não perceber que o plano contém um erro e precisa ser flexibilizado.

Estamos certos no Brasil ou estamos errados?

Como vimos antes, em termos de cultura, não existe "certo" nem "errado" em termos universais e absolutos. Cada cultura tem seus valores e acha que tudo o que é congruente com esses valores está "certo"; tudo o que é diferente dos seus valores é considerado "errado".

O modelo brasileiro de gestão é hierárquico, coletivista, tem equilíbrio entre a valorização do desempenho e da qualidade de vida, lida bem com a expressão de emoções, é burocrático em termos de excesso de regras, mas flexível na aplicação dessas regras e otimista no longo prazo.

Cada uma dessas características pode ser vista pelo seu lado positivo ou pelo seu lado negativo. A classificação como "positiva" ou "negativa" depende dos valores culturais de quem está avaliando.

Meu amigo inglês acha que a hierarquia é negativa, pois ele vem de uma cultura mais igualitária do que a brasileira. Ele considera também que o coletivismo é negativo, pois vem de uma cultura individualista, onde a expressão de opiniões dissidentes e a responsabilidade individual são mais valorizadas. Para ele, o brasileiro deveria valorizar o desempenho ainda mais (como acontece na Inglaterra). Os ingleses acham que o Brasil é "emocional demais, isso denota baixo profissionalismo", consideram que a burocracia é exagerada e desnecessária e que no Brasil falta disciplina. O otimismo brasileiro é visto de forma crítica: "os brasileiros sempre acham que tudo vai dar certo, mas precisam ser mais realistas e trabalhar mais para garantir que o sucesso futuro realmente aconteça!"

As mesmas características podem ser vistas como "positivas" por alguém que comungue dos mesmos valores subjacentes. A hierarquia denota respeito por quem tem a responsabilidade maior; a estrutura de comando é mais clara e as coisas fluem com mais eficiência quando o chefe decide e a equipe executa as decisões, ao invés de ficarem todos presos a discussões intermináveis. O coletivismo favorece o trabalho em equipe, o esforço conjunto e o "mutirão" é um belo exemplo disso. Todos trabalhando juntos e se sentindo satisfeitos em integrar uma equipe na qual todo mundo tem prazer em fazer junto e realizar coisas de valor.

O equilíbrio entre a valorização do desempenho e da qualidade de vida é o melhor dos mundos, pois permite que a gente trabalhe e também que a gente se divirta, já que ninguém é de ferro...

A expressão das emoções é um sinal de autenticidade; a gente sabe o que as pessoas estão sentindo e pode lidar com isso abertamente. As emoções fazem parte da vida e devem ser aceitas como tal. Já as regras são necessárias e precisam ser, antes de tudo, claras. Assim se evitam incertezas e mal-entendidos. É claro que, na prática, é preciso que haja bom-senso para aplicar as regras com flexibilidade. O mundo é complexo e cheio de mudanças frequentes; sem flexibilidade não se consegue fazer nada, hoje em dia.

O otimismo é fundamental para que as pessoas mantenham a esperança e não desistam dos seus objetivos últimos, de longo prazo. É preciso ter fé no futuro, para suportar os reveses imediatos e prosseguir no caminho que nos levará ao sucesso, mais tarde.

Como se vê, as mesmas características têm sempre dois lados distintos, dependendo do viés do observador. Como devemos proceder então, diante de tudo isso?

Sem medo de ser feliz

Para começo de conversa, os gestores brasileiros precisam entender os valores da cultura brasileira, para que possam utilizar esses valores "sem medo de serem felizes". Conhecendo e valorizando a própria cultura fica mais fácil administrar usando os valores característicos como pontos fortes. Chega de ter vergonha dos nossos valores.

Em segundo lugar é preciso conhecer os valores culturais dos outros países para colocar os outros modelos de gestão em perspectiva. O modelo americano não é o melhor modelo do mundo; é apenas um modelo tão bom quanto outros. Os elogios ao modelo americano partem de quem comunga dos mesmos valores, mas a realidade mundial é muito mais diversa do que isso. Se conhecermos os valores de outras culturas, poderemos entender melhor a razão de elogios e críticas no cruzamento de culturas.

Por fim, precisamos entender que não existe verdade absoluta em termos culturais e nem tampouco em termos de modelos de gestão. O mais importante de tudo é manter a coerência entre o modelo de gestão adotado e a cultura onde esse modelo está sendo aplicado. Isso vale também para as empresas brasileiras que atuam em outros países. É ótimo desenvolver e fortalecer um modelo brasileiro de gestão. Entretanto, esse modelo servirá para ser usado com eficácia no Brasil. Em outros países, nosso modelo também necessitará de adaptação à cultura local. Caso contrário, vamos cometer os mesmos erros que empresas de outras nacionalidades cometeram ao tentar implantar seus modelos no Brasil, sem a devida "tropicalização." Ao atuar em outros países, precisamos "destropicalizar" nosso modelo.

Tudo isso não é tão difícil de fazer. Exige, contudo, reconhecer que os valores culturais existem e influenciam tudo o que fazemos, inclusive nosso modo de gerenciar negócios e pessoas. Requer, também, o entendimento de que esses valores podem ser medidos, analisados e utilizados para definir um estilo de gestão congruente para cada cultura em que a empresa atua (inclusive sua própria cultura de origem). As organizações que reconhecem a importância desses aspectos estão dominando seus mercados e estão se posicionando para terem sucesso sustentável no século XXI.

20. Quem não faz, leva

Este é um velho ditado que eu ouvia dos comentaristas de futebol, pelo rádio, desde a minha infância. Se um time domina o jogo, pressiona, mas não consegue fazer um gol, acaba levando um gol de contra-ataque do adversário.

Pois bem, o Brasil tem problemas que vêm sendo discutidos há décadas, mas que não resolvemos até agora. Falamos e falamos dessas mesmas questões, mas não conseguimos resolver. Se continuarmos assim, na base de muita conversa e pouca ação, vamos acabar levando gols de contra-ataque: a situação vai ficar muito pior. Ao invés de trabalhar pelo desenvolvimento, para nos tornarmos um país de primeiro mundo, vamos ter que lutar pela sobrevivência, para evitar o caos da Líbia, da Síria, do Sudão.

Mas que falta de educação!

Há anos falamos que é preciso investir mais em educação. Entra governo e sai governo, passamos da ditadura militarista para a ditadura sindicalista e o problema continua. A qualidade da educação parece estar caindo, a qualidade dos professores também. As famílias educam cada vez menos e o resultado é uma geração perdida, revoltada, procurando um caminho no escuro. Entre black blocs e rolezinhos, a situação se deteriora. A falta de uma educação de base está levando o país à imbecilização generalizada e, o que é pior: à violência espúria.

Pior do que um imbecil é um imbecil armado e com raiva. Estamos gerando milhares de imbecis, que advogam abertamente a luta armada, à esquerda e à direita. Contra os protestos, advogam a polícia de choque. Diante da incompetência policial, advogam o exército nas ruas. O que vão pedir em seguida? Bomba nuclear na Avenida Paulista?

Prensando a imprensa

Os jornalistas estão sendo alvo de agressões nas ruas, pelo simples fato de estarem cobrindo os acontecimentos. O povo critica os políticos e os três poderes, agora está criticando também o quarto poder, a imprensa. Não só criticando: batendo, jogando

113

rojão, ateando fogo nos veículos da imprensa, matando. A turba multa não perdoa, não tem noção, não tem educação, não tem escolha. A imprensa também se revolta, apoia a violência, endossa o linchamento de um garoto. A falta de educação significa que a imprensa não tem qualidade, a polícia não tem qualidade, estamos matando a nossa sociedade como um todo, aos poucos.

A via verde-amarela

Precisamos de uma terceira via. Entre a via vermelha da extrema esquerda e a via verde-oliva da extrema direita, precisamos de um caminho de bom senso e menos roubalheira. A nova geração não sabe disso, mas o PSDB, quando nasceu, era essa terceira via. Em seguida, fracassou a tentativa de uma coalizão dos intelectuais do PSDB com os moderados do PT, ainda no final dos anos 80. O resultado foi que o PSDB se juntou ao PFL e perdeu o rumo, saindo pela direita. Anos depois, o PT chegou ao poder fazendo coalizões ainda mais esdrúxulas, com o PL (que era mais conservador do que o PFL!) e com o Quércia (que havia batido todos os recordes de corrupção).

Nossa democracia virou uma piada, trágica, de humor negro, com gosto amargo. O futebol, que era a alegria do povo, agora é motivo de batalhas campais: entre torcidas adversarias e entre quem é contra e à favor do futebol. Até o tal de "Bom Senso F. C.", que havia começado tão bem, perdeu o senso ao advogar uma greve. Essas palavras não combinam. A greve é uma tática burra, de falta de educação. Existem muitas formas mais inteligentes de resolver as questões.

Chega. Está na hora de organizar uma revolução de mentalidade, atacando o problema educacional em várias frentes. A solução não virá do PT e nem do PSDB, muito menos do PMDB, que tem representado o que há de pior nesse país: o fisiologismo. Precisamos organizar um movimento amplo de mudança da cultura nacional, para valorizar a educação com qualidade, em toda parte, em todos os níveis.

Se não fizermos isso logo, vamos perder de goleada.

21. Avaliação das Escolas

De uma série que continua: "O Brasil que eu quero".

Para a revista "Veja" (ou "Época", "Isto É", "Carta Capital", etc.): sugestão número 1.

Por que não fazer uma reportagem especial, com uma avaliação das principais escolas de primeiro e segundo grau em cada estado brasileiro?

Valorizar a educação

Os melhores sistemas educacionais do mundo são aquelas cujas culturas valorizam a educação. Não se trata apenas de uma questão de política pública. Numa cultura que valoriza a educação, todos valorizam a educação; não apenas o governo (federal, estadual e municipal), mas também a iniciativa privada, as instituições, a igreja, as próprias entidades educacionais, as famílias, a opinião pública.

No Brasil, o que se pode fazer? Ao invés de simplesmente delegar para cima, pondo a culpa na Dilma (ou na Presidente de plantão) , podemos começar a tomar iniciativas que valorizam a educação de boa qualidade. Uma dessas iniciativas pode ser uma avaliação comparativa das melhores escolas, servindo de guia para os pais e estimulando uma competição sadia entre diferentes instituições de ensino.

As revistas "Exame", "Forbes", Época Negócios", fazem isso em relação às empresas comerciais, com edições especiais que comemoram, anualmente, as "500 Maiores e Melhores". Por que não fazer o mesmo em relação às escolas?

Na Holanda, por exemplo, a revista "Elsevier" faz isso todos os anos. Acaba de sair a reportagem especial de 2014, sobre as melhores escolas avaliadas no decorrer do ano anterior. É o sétimo ano seguido em que isto é feito e a reportagem tem trinta páginas, listando milhares de escolas, em cada região do país, com escores em diferentes critérios, tais como: alunos egressos que passaram nos exames finais, alunos que ingressaram na universidade, proporção de alunos para cada professor, tipo de orientação pedagógica de cada escola, etc.

No Brasil, o público em geral tem uma tolerância muito grande para o baixo nível de qualidade das nossas escolas.

Precisamos mudar isso, exigindo mais das escolas e estimulando aquelas poucas que se esforçam por melhorar.

A educação de base é mais importante

Alguém pode dizer, como crítica e mal-disfarçada desculpa para a inação, que no Brasil o MEC já faz isso avaliando os cursos superiores. Existem dois problemas fundamentais com esse argumento.

Em primeiro lugar está o fato de a avaliação das universidades ser feita pelo MEC e não por uma revista de grande circulação. Ninguém lê os relatórios do MEC, mas todo mundo lê a Veja. É claro que estou exagerando, mas o ponto é que uma reportagem numa revista tem muito mais impacto junto à opinião pública do que um relatório oficial. As grandes revistas são formadoras de opinião, ainda mais no Brasil.

Em segundo lugar está o fato de que as pesquisas mostram que uma educação de base com boa qualidade é mais importante para o bem-estar econômico de um país do que a educação superior (universitária). Ocorre que, tipicamente, culturas de alta distância de poder (como o Brasil) investem proporcionalmente mais no ensino superior do que culturas igualitárias. Nas culturas de baixa distância de poder (igualitárias) se investe mais na educação de primeiro e segundo grau e isso repercute na economia de forma positiva. Vide os EUA e o norte da Europa.

Na Holanda, os milhares de leitores da Elsevier usam a reportagem anual sobre as escolas para dirigir suas escolhas de escolas; e as escolas se esforçam para melhorar seus escores a cada ano. A reportagem inclui uma seção apontando as que mais melhoraram e as que mais pioraram de um ano para o outro.

Formadores de Opinião

A imprensa brasileira, o nosso "Quarto Poder" pode fazer o que os outros três (Legislativo, Executivo e Judiciário) não conseguem: estimular a qualidade da educação de nossas crianças e adolescentes. É claro que um estudo dessa natureza não deve custar pouco dinheiro; todavia, imagino que não faltariam patrocinadores que gostariam de ver seus nomes ligados a uma iniciativa desse tipo. Isso dá mais credibilidade do que o patrocínio de luta-livre na televisão...

Com a palavra, nossos órgãos de imprensa: vamos fazer algo moralmente elogiável para valorizar o debate sobre a qualidade da educação de base no Brasil?

22. Eleições no Brasil e na Holanda

No Brasil, a política tem sido discutida em termos unidimensionais, ou seja: uma única dimensão que vai da esquerda à direita. Os partidos e os candidatos são percebidos como sendo "de esquerda" ou "de direita".

Em outros lugares do mundo se adotam duas dimensões: esquerda e direita formam uma dimensão, enquanto que a segunda dimensão diz respeito a ser progressista ou conservador. Com isto, se pode mapear a posição de partidos e candidatos num quadro matricial "2 por 2". Para dar um pouco mais de nuance, apresento uma versão "4 por 4":

Muito de esquerda e muito progressista	Um pouco de esquerda e muito progressista	Um pouco de direita e muito progressista	Muito de direita e muito progressista
Muito de esquerda e um pouco progressista	Um pouco de esquerda e um pouco progressista	Um pouco de direita e um pouco progressista	Muito de direita e um pouco progressista
Muito de esquerda e um pouco conservador	Um pouco de esquerda e um pouco conservador	Um pouco de direita e um pouco conservador	Muito de direita e um pouco conservador
Muito de esquerda e muito conservador	Um pouco de esquerda e muito conservador	Um pouco de direita e muito conservador	Muito de direita e muito conservador

O conceito é muito interessante (embora não seja novo). Poderia ser aplicado no Brasil para melhor identificar as posições ideológicas de partidos, candidatos e eleitores. Na Holanda, que teve eleições municipais agora no dia 19 de março, o mapeamento foi feito de forma bem pragmática: fazendo 30 perguntas sobre trinta propostas práticas de ação discutidas durante a campanha

119

política. Exemplos: (1) a prostituição deve ser declarada ilegal? (2) o aeroporto de Amsterdam deve ser privatizado? (3) o limite de velocidade nas autoestradas deve ser aumentado?

Cada partido se posicionou em relação a cada uma das trinta perguntas (concordo plenamente, concordo em parte, sou neutro, discordo em parte e discordo totalmente) e com base nisso foi colocado no "mapa". Um site da internet (www.kieskompas.nl) revela a resposta de cada partido a cada pergunta e permite que qualquer internauta mapeie sua própria posição política, respondendo a cada uma das perguntas e comparando suas respostas com aquelas dos candidatos.

Esse processo todo é fácil de executar. Quem se habilita a fazer o mesmo no Brasil? Seria ótimo ter algo assim como referencia para as eleições de outubro!

Para quem se interessa pelas tendências da política holandesa, que costumam ser um presságio das tendências políticas de toda a Europa, vejam a seguir o mapa dos principais partidos holandeses e o que ocorreu nas eleições municipais.

Muito de esquerda e progressista**Partido Verde**		**D66**	Muito de direita e muito progressista **PL**
PS	**PvdAGL**		
		UC	**VVD**
Muito de esquerda e muito conservador		**CDA**	Muito de direita e muito conservador

O grande vencedor foi o D66 (Democratas 66), que já foi o quinto ou sexto partido da Holanda, mas que cresceu muito nos últimos seis meses. Os eleitores querem mais progressismo levemente de direita. O grande perdedor foi o PvdA (Partido do Trabalho) que dominava as grandes cidades e viu seu lugar tomado pelo D66. Os trabalhistas perderam a prefeitura de Amsterdã e diminuíram seus assentos nas câmaras de todas as maiores cidades. O D66, por outro lado, chegou a duplicar o número de vereadores que possuía em alguns locais.

A mudança não é radical. Os partidos extremistas perderam espaço, alguns apenas conseguiram manter o pouco espaço que tinham. A mudança é de centro-esquerda para centro-direita e de levemente progressista para mais fortemente progressista. De qualquer forma, o eleitorado quer uma mudança, mas não uma mudança para o extremismo.

23. Linchamento Cibernético

O uso da tecnologia não muda a cultura, mas exacerba os valores culturais já existentes. Alguns falam na "primavera árabe" como sendo "a revolução do Facebook", mas essa é uma distorção perigosa. Perigosa porque afasta a atenção daquilo que realmente provoca e dirige os movimentos sociais: os valores e comportamentos das pessoas. Facebook, Twitter, Orkut, etc. São apenas instrumentos.

Triste é ver que as redes sociais, criadas para aproximar as pessoas, são utilizadas também para conspirar, para organizar atentados terroristas, para planejar crimes, e agora também para linchar.

O bárbaro e irresponsável assassinato do cinegrafista Santiago Andrade virou desculpa para uma guerra política entre direita e esquerda. O que é chocante para mim é ver um jornalista da Veja, Reinaldo Azevedo, acusando no seu blog uma pessoa suspeita de ser o autor do disparo de rojão que matou Santiago. As acusações são lançadas a torto e a direito sobre os possíveis mandantes do ato irresponsável, mas o mais chocante é ver um jornalista, supostamente um cidadão educado e civilizado, publicando termos como estes:

"Olhem aí. Esta é a foto de um dos assassinos do cinegrafista Santiago Andrade. A gente precisa perguntar agora para aquele funcionário do Marcelo Freixo, o candidato a santo do socialismo dos endinheirados da Zona Sul do Rio, se ele continuará a fornecer seus préstimos advocatícios para este patriota da causa popular. Caio Silva de Souza está foragido."

Pelamordedeus, aonde vamos parar?

O tal Caio é um suspeito! Como pode um jornalista, com o respaldo que sua posição lhe dá, lançar a público uma acusação nesses termos, como se essa pessoa já tivesse sido julgada e condenada? Como pode fazer isso na internet, lançando uma acusação irresponsável que vai ser lida por centenas de milhares de pessoas? E se o tal Caio não foi quem cometeu o ato? Esse Sr. Reinaldo pode estar acusando um inocente e incentivando uma multidão a linchá-lo como vingança, por algo feito por outra pessoa!

Os comentários feitos no blog desse péssimo profissional vão de mal a pior: estimulam a violência e o linchamento popular de uma pessoa que ainda não se sabe se foi realmente culpado!

A mensagem do blog ainda liga o suspeito a um funcionário do Deputado Marcelo Freixo, de forma a evidenciar um ódio incrível. Talvez eu seja ingênuo, mas fico indignado com a facilidade com a qual um jornalista lança acusações pesadas, de forma leviana, inconsequente.

As redes sociais amplificam essas mensagens. É preciso ter responsabilidade e consciência sobre o que se escreve. Amanhã poderemos ter crimes ainda mais graves cometidos graças a esse incitamento à violência, a essa condenação precipitada de alguém que, repito, pode não ser o verdadeiro criminoso.

A massa quer um culpado, quer ver alguém pagar pelo crime ocorrido. Todavia, é preciso identificar o verdadeiro criminoso e não linchar o primeiro sujeito que é parecido com aquele que estava perto daquilo que outro viu acontecer.

Cadê a ética da imprensa? A entidade de classe dos jornalistas deveria cassar as licenças profissionais daqueles que agem dessa forma irresponsável e inconsequente. Infelizmente, há jornalistas oportunistas que aproveitam um sentimento popular de raiva e capitalizam em cima disso, apenas para ganhar audiência na TV e aumentar o número de leitores. Estão brincando com fogo, em busca de fama imediata e passageira. Estão botando fogo no circo e com isso podemos todos nos queimar. Os incendiários precisam ser denunciados e processados, antes que sejamos todos consumidos pelas chamas.

24.   O Hino Revisitado

Ouviram do Ipiranga as margens plácidas

Pois é... As margens plácidas do Ipiranga não estão mais lá; ele foi canalizado e enterrado sob toneladas de concreto, aquele concreto que impede a absorção natural das chuvas e provoca enchentes. O progresso é importante, mas pode e deve ser sustentável. Dá pra fazer isso tudo de um modo diferente e mais integrado.

De um povo heroico o brado retumbante

O brasileiro é um povo heroico, sem dúvida. Trabalha muito, luta contra a falta de infraestrutura, a falta de educação, segurança e saúde, batalha para que seus filhos tenham uma vida melhor. E o brado retumbante está aí, reverberando por toda a nação e pelo mundo. Até o Valcke ouviu. (Secretário da FIFA que inspecionava as obras para a Copa de 2014).

E o sol da liberdade em raios fúlgidos

O sol da nossa liberdade tem, realmente, raios fúlgidos. Às vezes desaparece, encoberto por nuvens, tremula devido à poluição. Nossa liberdade tem sido fugidia: em certos períodos nos foi roubada. Quando, finalmente, elegemos governos que garantiam ser honestos (diferente dos outros) e justos para a população (diferente dos outros), o que se viu não foi diferente dos outros. Nunca antes nesse País se viu tanta corrupção e incompetência. O governo que prometeu nos libertar, jogou a polícia de choque contra um povo, com uma violência de fazer inveja a qualquer ditadura militar...

Brilhou no céu da Pátria nesse instante

O sol da liberdade está brilhando nesse instante, nas noites de Brasília, do Rio, São Paulo, Salvador, Recife, Fortaleza, Porto Alegre, Florianópolis... Mas apenas nesse instante. O que fazer para que esse sol seja perene e sustentável?

Se o penhor dessa igualdade

Mas, "de que igualdade me hablas?" Não temos igualdade no Brasil. Ela ficou na promessa do Joaquim (autor da letra do hino). Continua na promessa dos políticos e na nossa ilusão. Se queremos igualdade, ela precisa começar em casa, na família, entre marido e mulher, na maneira de tratar os filhos, na maneira de tratar quem é diferente de nós ou pensa diferente de nós. Igualdade já!

Conseguimos conquistar com braço forte

Em 1822, não houve braço forte. A independência foi um "jeitinho" luso-brasileiro, sem lutas, para garantir que o País ficasse na família, imitando o Sarney no Maranhão. O penhor da nossa igualdade ainda precisaremos conquistar com braço forte. Porém, como disse antes, a igualdade começa em casa.

Em teu seio, ó Liberdade

É ótimo estar no seio da Liberdade (os japoneses de São Paulo concordam) mas sem esquecer que a liberdade termina onde começa o direito do próximo (mais ou menos na altura da Aclimação), que merece respeito. Nada de abusar do seio da Liberdade.

Desafia o nosso peito a própria morte

Estamos vendo isso nos protestos agora: manifestantes atropelados, espancados, sujeitos a tiros (com balas de borracha e de chumbo), gás lacrimogêneo, spray de pimenta. E com o aumento da violência do Estado, aumenta o movimento desafiando a própria morte.

Ó Pátria amada, idolatrada, Salve! Salve!

Tudo por amor a essa terra. É emocionante ver o patriotismo brasileiro, a nossa terra é realmente idolatrada. Mas quem precisa salvá-la somos nós. Não adianta "delegar pra cima" para um político que se apresenta como "salvador da pátria". O salvador é você. Não é nem Jesus, nem Maomé, nem Deus. Afinal de contas, "Deus está dentro de ti!" O salvador é você.

Brasil, um sonho intenso, um raio vívido,

Somos o País do sonho, sim, adoramos sonhar e isso é muito bonito... Os sonhos inspiram e emocionam, mas precisamos também agir, se não o sonho vira pesadelo. Vamos tornar nossos sonhos realidade e sonhar novos sonhos ainda melhores.

De amor e de esperança à terra desce,

O Brasil é o País da esperança, a última que morre, a que nos permite suportar a injustiça e a iniquidade. Mas esperar cansa, também chega de esperança! Precisamos de chegança. É hora de usar esse amor para fazer um País de verdade, de realidade.

Se em teu formoso céu, risonho e límpido,
A imagem do Cruzeiro resplandece.

O céu formoso não é mais "céu de brigadeiro": tem poluição, tem greve de controladores aéreos, tem caos aéreo. Precisamos cuidar dos nossos céus também. Eles precisam do nosso amor e carinho, da nossa consciência ambiental, da nossa cidadania, da nossa responsabilidade. A Infraero é uma vergonha. E pra quem chegou agora: o "cruzeiro" não é a moeda falida que já tivemos, é o Cruzeiro do Sul, a constelação de estrelas que pode nos servir de guia.

Gigante pela própria natureza,

O gigante acordou, e acordou de mau humor... Agora precisamos usar esse tamanho todo e essa natureza toda para fazer um País que seja grande não apenas em tamanho geográfico, mas em valores humanos, em justiça e igualdade.

És belo, és forte, impávido colosso,

Chega de ser impávido diante da corrupção e da impunidade! Podemos fazer com que esse gigante deixe de ser belo e forte para poucos e passe a ser justo para todos.

E o teu futuro espelha essa grandeza.

O futuro fu... Deu no que tinha que dar: povo na rua, querendo mudanças já! Se a elite não entrar no bloco, vai ser imolada. Parem de se olhar no espelho, na academia, e tratem de engrossar o bloco da mudança, que a coisa vai engrossar! E os professores catedráticos universitários também: parem de se olhar no espelho, na (outra) Academia e venham praticar a teoria, que sem prática nada seria.

> *Terra adorada*
> *Entre outras mil*
> *És tu, Brasil,*
> *Ó Pátria amada!*

Sem esquecer das outras mil: o Brasil tem sido muito isolado, como povo: vamos olhar pra fora do País também. Ser a oitava economia do mundo significa assumir responsabilidades internacionais, acolher imigrantes e exportar conhecimento. Amamos o Brasil, mas não estamos isolados no mundo. Temos algo a fazer também em outros lugares para promover a paz, a justiça social e a sustentabilidade. O mundo não termina na esquina.

> *Dos filhos deste solo*
> *És mãe gentil,*
> *Pátria amada, Brasil!*

Linda e enganadora frase... O Brasil é uma mãe que tem muitos safados pendurados nas suas tetas. Essa mãe gentil tem seus pecados (e graves): passa a mão por cima da corrupção, dos crimes, da impunidade... Não somos mais crianças. Chegamos à idade do desmame. Aos quase duzentos anos, já era tempo! Vamos cuidar da nossa mãe com amor, mas agora é nossa vez de sustenta-la, ela que por tanto tempo nos sustentou. Eu saí de casa e continuo visitando a mãe Brasil com frequência, zelando por ela. Cada um precisa fazer o que pode. Está na hora de retribuir e fazer um País do jeito que nossos filhos merecem.

25. O Triângulo Amoroso da Elite com a Pobreza

Há uns anos atrás eu era o vice-presidente de recursos humanos do banco ABN AMRO Real em São Paulo. Era a virada do século, ou talvez eu devesse dizer, a virada do milênio, uma época em que o Brasil estava se preparando para a eleição de 2002 do Presidente Lula, o primeiro sindicalista a se tornar Presidente do País vindo da classe operária e que não tinha uma educação universitária.

Os sindicatos do Brasil eram geralmente menosprezados pelos empregadores; eram considerados meros radicais políticos, arruaceiros, que deviam ser combatidos em todas as oportunidades, com a mesma tenacidade que esses líderes demonstravam ao liderar protestos nas portas de fábricas. Deviam ser rejeitados com a mesma persistência que o "Lula" estava demonstrando como candidato, pois ele concorria a Presidente pela quarta vez.

Os sindicatos bancários eram um dos mais poderosos e influentes no Brasil, e geralmente organizavam greves que abrangiam o País inteiro. Isso acontecia pelo menos uma vez por ano, logo antes das negociações salariais, que deveriam acontecer em setembro, depois de muitas agressões verbais de parte a parte com os empregadores, nas mesas de negociação e também através da imprensa. Ás vezes havia também alguma violência, como jogar pedras nas vitrines das agências bancárias, ou bloquear fisicamente a entrada dos prédios, onde os bancos tinham os seus centros operacionais ou as suas casas matrizes. Muitas vezes também os sindicatos contratavam jagunços para fazerem as linhas de piquete. Depois de tudo isso, eventualmente se conseguia um acordo e se conseguia restaurar a paz. Mesmo assim, durante o ano, haviam por vezes demonstrações, protestos, contra determinadas condições de trabalho, o salário insuficiente, ou contra programas de demissões, protestos contra a terceirização ou contra a demissão de empregados específicos que teriam sido demitidos injustamente pelos seus chefes.

Naquela época, nós decidimos tratar essa questão de relações industriais de uma forma diferente. Eu comecei a encarar a situação como uma espécie de triângulo amoroso, entre os gestores do banco, o quadro de pessoal e o sindicato.

O eterno triângulo.

Na minha perspectiva a gestão do banco precisava considerar o nosso quadro de pessoal como se fosse uma amante que estava se distanciando de nós. O outro homem (ou a outra mulher, dependendo do caso) o rival, recebendo o afeto do quadro de pessoal, era o sindicato. Num triângulo amoroso, se você descobre que a pessoa que você ama está sendo cortejada por um rival, você tem duas coisas que você pode fazer. (Na verdade, pode ser que tenha muito mais coisas que você possa fazer, mas a escolha mais frequente que as pessoas precisam fazer é entre duas opções). Primeiro: você luta com o seu rival, verbalmente ou fisicamente, desafia o rival para um duelo ou simplesmente mata o cara. Esse é o enredo de muitas histórias, muitos romances desde há muitos séculos. A segunda opção: você tenta reconquistar o amor da pessoa amada, de modo que essa pessoa amada escolha ficar com você ao invés de escolher o seu rival.

Acontece que destruir o seu rival enseja um enredo melhor, mais dramático e mais interessante, e portanto esse é o enredo mais frequente das novelas românticas, dos romances da literatura e também nas histórias do folclore. A situação clássica é que a pessoa amada está, de certa forma, dividida entre você e o seu rival. Se você elimina o seu rival, ela vai ficar com você, ou pelo menos é isso o que você pensa. Em muitas histórias, no entanto, quando você, furioso, bate no seu rival, ele se torna vítima da sua raiva; e a sua pessoa amada passa a consolar o seu rival, ao invés de se voltar para você. Ela rejeita você como agressor e toma o lado do rival como vítima.

Uma estratégia muito mais eficaz, na minha opinião, seria focar a atenção em reconquistar o amor da pessoa amada. Você precisa se declarar para ela e distrai-la do seu rival. Eu sei que isso pode ser mais difícil de fazer, especialmente para algumas pessoas que ficam raivosas e furiosas com muita facilidade e que gostariam simplesmente de fazer o rival em pedacinhos.

Nas relações sindicais brasileiras, a atitude mais comum dos gestores, das diretorias das empresas, é lutar com o rival, que é o sindicato e pensando que, com isso, necessariamente, o quadro de pessoal ficará do lado da empresa, ao invés de ficar ao lado do sindicato e ao lado dos protestos. O que ocorre na prática, muitas vezes, é que quanto mais você luta contra o sindicato, mais o quadro de pessoal toma o lado do sindicato e se volta contra a empresa.

Uma abordagem diferente.

Nós decidimos focar a nossa atenção no quadro de pessoal, ao invés de dedicar a nossa energia a lutar contra o sindicato. Tentamos fazer com que o nosso pessoal fosse realmente tratado com justiça, com respeito, com carinho. Oferecemos benefícios que eram um pouco melhores do que a maioria dos outros bancos, proporcionamos mais oportunidades de aprendizagem e desenvolvimento do que em qualquer outra organização, encorajamos a participação em todos os níveis, treinamos e fizemos *coaching* com os nossos gerentes, para que eles fossem melhores na liderança de suas equipes. Abrimos canais diretos de comunicação com as pessoas em toda a empresa, de modo a possibilitar que eles se queixassem de qualquer tratamento que não fosse justo e que pudessem nos levar, então, a corrigir alguma coisa que não estivesse acontecendo como deveria.

Nós não conseguimos mudar a situação de uma hora para a outra, não foi algo que aconteceu da noite para o dia. Mas depois de dois anos mantendo essa abordagem sistemática, os resultados eram evidentes. A satisfação no emprego foi extremamente alta, o engajamento estava cada vez mais alto. Os nossos funcionários, não aderiam aos piquetes e aos protestos. Houve até mesmo uma ocasião memorável, em que o sindicato estacionou um caminhão de som em frente ao nosso escritório principal, na avenida paulista, no centro financeiro de São Paulo. Diferentes líderes sindicais estavam fazendo discursos eloquentes, xingando os nossos diretores, justamente na hora do almoço, quando milhares de funcionários saíam do prédio principal para almoçar fora e depois retornavam uma hora depois. Uma das nossas funcionárias subiu no caminhão de som e pediu o microfone. Quando o líder sindical entregou o microfone para essa pessoa, ela fez um discurso eloquente, criticando o sindicato e elogiando o banco. Disse que aquilo que o sindicato estava dizendo era um monte de mentiras. Falou que eles não estavam ajudando os funcionários, tentando provocar uma briga com a diretoria do banco. Disse que essa diretoria era a melhor equipe de gestão com a qual ela jamais havia trabalhado, as pessoas no banco eram tratadas com respeito, com carinho e com atenção, algo que nunca tinha se visto em qualquer outro banco.

Bom, essa foi a última vez que o sindicato estacionou um carro de som em frente ao Banco Real. A partir daí, o sindicato resolveu focar a sua atenção em outros bancos. Quando eles vinham discutir as coisas conosco, eles eram bem mais educados e genuinamente interessados em trabalhar junto conosco, ao invés de contra nós. Ao invés de confrontar o banco, eles por vezes se queixavam, mas com um tom mais modesto, mais humilde, pedindo que a gente desse mais atenção às causas que eles estavam apoiando. Queriam ser tratados com o mesmo respeito, com a mesma atenção, com o mesmo carinho que estávamos dando para o nosso quadro de pessoal em geral. Isso durou quatro anos, até que eu deixei o ABN AMRO Real em São Paulo e me mudei para a Holanda.

No amor e na política

A situação política no Brasil, e também em outras partes do mundo, é muito semelhante a esse triângulo amoroso. A elite brasileira, os 1% que detêm a maior parte da renda do País, que têm os níveis mais altos de educação e que têm acesso aos melhores benefícios sociais e de saúde, estão num triângulo amoroso contra os seus rivais, que são os radicais dos sindicatos, da extrema esquerda, os anticapitalistas, os jihadistas, que lutam contra o domínio ocidental. A terceira parte nesse triângulo são as maiorias silenciosas, os milhões de pessoas que querem simplesmente continuar com a sua vida em paz e que querem segurança, educação, emprego e saúde.

Se a elite continuar a não atender as necessidades básicas da população e ao invés disso, continuar a focar a sua atenção em lutar contra os líderes sindicais, lutar contra o Estado Islâmico da Síria e os seus equivalentes revolucionários, na verdade com isso eles estarão alimentando as revoluções. Eles estarão fazendo a sua própria sobrevivência como elite cada vez mais difícil. A elite precisa mudar a sua atenção para melhorar as condições de vida das pessoas em geral, em toda parte. No Brasil, se nós investíssemos mais tempo, energia e dinheiro em educação, nós poderíamos viver em uma sociedade muito melhor, com menos criminalidade e menos violência. Quanto mais a gente foca energia simplesmente em lutar contra a criminalidade e não em melhorar as condições de vida, através de educação e saúde, mais a gente dá munição para a esquerda radical e mais a gente assegura que uma vida criminosa acaba sendo uma alternativa para tentar melhorar de vida, para quem não tem educação e para quem está desempregado.

A elite brasileira coloca a culpa de tudo no PT e dirige a sua energia em lutar contra o PT. Eu acho que a elite está focando no lado errado do triângulo, eles precisam focar no lado das pessoas pobres, que vivem na base da pirâmide social brasileira. Quando se conseguir acabar com a pobreza, quando milhões de pessoas se tornarem parte de uma verdadeira classe média, o PT não terá mais o apoio que ele tem hoje. O PT se alimenta da injustiça social. Se a elite acaba com a injustiça social, o PT vai morrer de fome. Em todo o mundo, se a elite acaba com a inanição os radicais é que morrerão de fome politicamente.

O problema que precisa ser atacado não é o comunismo, os jihadistas ou os radicais. O problema que nós precisamos atacar é a pobreza. A pobreza alimenta o radicalismo. Se a elite continuar a pensar que a pobreza é uma coisa que só acontece para quem é preguiçoso, um dia eles vão acordar e ver que esses preguiçosos estão pegando em armas e estão prestes a matar todo mundo para assumir o poder. Essas pessoas com as armas na mão não estão sendo levadas pelos radicais; elas estão sendo levadas pela fome, pela necessidade, pelo desejo de igualdade, de justiça. Se a elite não consegue organizar a sociedade de uma forma mais justa, mais equânime, então ela vai ter que se retrair, vai ter que se defender em bunkers, cercada de aparatos de segurança. Mas espere ai, isso já está acontecendo, em muitas partes do mundo!

A elite está sitiada, porque não consegue desenvolver uma sociedade mais justa para todos.

O foco da elite precisa mudar nesse triângulo amoroso, tem que se distanciar da luta contra os radicais e se aproximar das massas empobrecidas, tem que erradicar a pobreza.

A assistência médica universal básica é um mínimo que é fornecido na maioria dos países para toda a população. Até os Estados Unidos está pouco a pouco se dando conta de que isso é uma coisa certa do ponto de vista moral. Essa assistência médica universal precisa ser melhorada, no Brasil e em toda a parte. Devemos colocar a nossa energia em melhorar a assistência médica, em torna-la mais eficiente, torna-la mais barata, ao invés de tentar negar que isso seja uma necessidade básica da comunidade. Quanto melhor a assistência médica, menos espaço existe para os radicais, para a Irmandade Muçulmana, para o Estado Islâmico da Síria, menos espaço vai se deixar para que se possa lutar contra a elite, e vai se preencher esse espaço dando melhores condições de vida para todos.

Fazer uma mudança no sentido de promover educação para as massas não é difícil, a única coisa que se precisa fazer é apoiar efetivamente investimentos em melhores escolas, melhores professores, tornar as escolas mais acessíveis para todo mundo, apoiar as iniciativas de ensino com base na internet. Existem milhões de alternativas diferentes que se pode fazer para promover a educação em todos os níveis. Então o que é preciso fazer é apoiar os políticos que promovem essas iniciativas da educação e promover essas iniciativas diretamente, com o trabalho voluntário, por exemplo, dando seu tempo e sua energia para essas iniciativas educacionais.

Um relacionamento amoroso precisa ser nutrido e isso é verdade também para os relacionamentos no trabalho, que precisam ser nutridos e para a sociedade em geral. Se você acha que o amor é uma coisa que não precisa de manutenção, é isso o que faz com que apareçam os rivais. É isso que faz com que apareça um triângulo amoroso. Se você colocar o seu foco na pessoa que você ama, ao invés do seu rival, você não vai perder a pessoa que você ama. Se você focar o seu cliente ao invés do seu competidor, você vai manter o seu cliente cada vez mais fiel, cada vez mais usando os serviços e os produtos que você oferece. Se nós todos focarmos a nossa energia em melhorar a qualidade de vida das pessoas em geral e acabar com a pobreza ao invés de lutar contra os revolucionários, é isso que vai fazer com que a vida seja melhor para todo mundo.

26. O Lado Profundo do Racismo Brasileiro

Essa estória da patricinha gremista que xingou o goleiro santista de "macaco" nos oferece uma boa oportunidade de examinar mais a fundo a histeria coletiva que por vezes arrebata as multidões brasileiras.

Não conheço a dita senhorita e nem o goleiro Aranha. Me parece, entretanto, que essas duas pessoas foram raptadas pela imprensa e jogadas num drama social independente da sua própria escolha; viraram dois personagens involuntários de uma ópera urbana moderna, que poderia até virar uma tragédia grega. As coisas foram levadas a um ponto fora de proporção e é bom colocar os fatos em perspectiva, com um pouco mais de objetividade.

Em primeiro lugar, quero deixar claro três coisas: 1) o racismo existe no Brasil, com características próprias e diferentes daquilo que existe nos Estados Unidos e na Alemanha, por exemplo; 2) eu, pessoalmente, sou contra o racismo e já fui alvo de discriminação; senti na pele o quanto isso dói e acho que o racismo precisa ser combatido no mundo inteiro; 3) acho que a maneira mais eficaz de combater o racismo é com 80% de campanhas educativas e 20% de punições; me preocupa que certas pessoas erram essa distribuição de pesos e acabam com isso piorando a situação ao invés de resolver o problema.

A macaca e o Aranha

É curioso que a "patricinha" (termo de gíria pejorativo que designa as jovens que se vestem de maneira elaborada e se enfeitam cuidadosamente) agiu como "macaca de auditório" (termo de gíria pejorativo que designa as mulheres que frequentam os programas de auditório da televisão, independente de raça , idade, religião ou preferencia clubística, e que se manifestam de forma histérica para aplaudir ou criticar quem está no palco). No meio de uma torcida de futebol com milhares de pessoas, fez o que milhares de pessoas nas torcidas brasileiras fazem: xingou o jogador do time adversário. Confundiu os animais e chamou o Aranha de macaco.

É claro que o que ela fez é condenável e ela merece ser punida. Deve ser usada como exemplo (e inclusive já foi, pois foi afastada do trabalho, fechou sua conta nas redes sociais, se escondeu, bem como toda a sua família). Mas é bom lembrar que ela não é a única torcedora que faz isso, em todos os jogos, não só no Brasil, mas no mundo inteiro.

Inclusive a torcida santista, que aproveitou a oportunidade para xingar a "patricinha" gaúcha, deve dar a mão à palmatória, pois muitos torcedores do clube fazem a mesma coisa: xingam de "macaco" (e de coisas piores) os jogadores do time adversário.

Deu o acaso de que a garota execrada gritou seu xingamento diante de uma câmara de TV e os jornalistas da emissora resolveram aproveitar a oportunidade para imolar a menina. Merece ser imolada? Merece. Mas não se finjam de inocentes aqueles que ateiam fogo nessa fogueira; muitos cometem rotineiramente o mesmo pecado e até pecados piores.

Repito, isso não exime a garota de culpa: ela precisa responder por seus atos. Mas a coisa não deve parar aí: a campanha contra o racismo precisa continuar em todos os jogos, em todos os estádios e com todas as torcidas.

O mais importante é enfatizar a valorização da diversidade racial e cultural, pois isso é mais eficaz do que castigar quem se expressa de forma racista. Isso que estou dizendo não é apenas uma opinião; tem base científica comprovada.

Mistura fina

Quando a ação coletiva (do Estado ou da sociedade anônima) se restringe ao castigo, o efeito é superficial e temporário. O que se consegue é apenas reprimir o comportamento (no caso, a expressão do racismo), mas se não houver a complementaridade de ações educativas e promocionais da diversidade racial, o sentimento racista persistirá, escondido. As pessoas podem parar de gritar "macaco" nos estádios, mas continuarão com a noção equivocada de que os negros (e outras raças) são inferiores à sua própria raça (que pode ser a raça branca ariana, mas o racismo não se restringe aos arianos: existem judeus racistas, árabes, chineses, japoneses, turcos, etc.). Os racistas acham que existem certas raças superiores às outras e geralmente consideram que a sua própria raça é superior às demais. Na verdade, nenhuma raça é superior a nenhuma outra; e há argumentos que favoreçam a tese de que a melhor alternativa para a humanidade é justamente a miscigenação, ao invés da manutenção de raças "puras". A miscigenação permite o enriquecimento da nossa carga genética, amplia o nosso repertório de possíveis respostas aos desafios e mudanças do meio ambiente. Na linha da tese de Darwin, da evolução das espécies pela sobrevivência dos mais aptos a lidar com as mudanças do ambiente, o melhorar para a humanidade é a mistura. Quanto mais mesclado, melhor. A mistura é o que refina.

A ineficácia de se restringir a ação anti-racista aos mecanismos de repressão é evidenciada, por exemplo, com os fracassos das políticas repressivas americanas. Nos Estados Unidos, a discriminação racial (e também com base em religião, idade e preferencia sexual) é crime, mas o racismo persiste na sociedade americana há séculos. A Guerra Civil não acabou com o racismo em 1860. Um século depois, as leis antidiscriminatórias dos anos 1960 também não acabaram com o racismo. Houve alguma evolução superficial, apenas. Os americanos elegeram um presidente negro (na verdade, um mulato) que sofreu a oposição mais ferrenha da história daquele país. Continuam frequentes as ocorrências de violência da comunidade branca contra os negros, como em Los Angeles, em Ferguson e em Sanford. Nos Estados Unidos não se usam mais as palavras "negro" e nem "preto", ou melhor: os brancos não podem utilizar essas palavras, que são consideradas pejorativas e ofensivas. Entretanto, os próprios negros utilizam esses termos e denunciam a hipocrisia branca em evitá-los. A introdução de quotas raciais nas universidades e nas empresas também pouco contribui para a integração étnica. Na verdade, acirrou os ânimos, pois muitos brancos se queixam de serem discriminados pelo fato de serem brancos. O ódio racial continua e tapá-lo à força, com uma tampa artificial, apenas aumenta a pressão. De vez em quando, essa panela transborda e ocorrem os atos de violência.

Mosaico e não mescla

Os Estados Unidos são um país de imigrantes, desde o século 16, antes da sua independência. Entretanto, nunca se tornaram uma verdadeira mescla de culturas, em que pese alguns autores erradamente descreverem a sociedade americana como sendo *a melting pot* (um pote onde se derretem e misturam substâncias). Os EUA são um mosaico racial e cultural, uma sociedade em que as comunidades não se misturam e mantêm suas respectivas origens raciais e identidades culturais intactas.

Isso ocorre porque historicamente os americanos não promoveram a integração dos imigrantes. O que fizeram foi forçar os imigrantes a adotar os valores anglo-saxões dos primeiros colonizadores, ou então manter-se isolados em guetos raciais e culturais. Alguns imigrantes fizeram essa mudança e "se tornaram americanos", ou seja: adotaram os valores anglo saxões. É o caso de muitos mexicanos, que agem e se comportam como anglo-saxões, bem como muitos asiáticos, e é o caso também dos "negros de alma branca", rejeitados pela comunidade negra porque adotaram valores brancos (na verdade, valores anglo-saxões).

O racismo anglo-saxão contra os negros gerou um racismo negro contra os brancos, reforçando a estrutura social de mosaico. A comunidade negra se fechou em guetos e surgiram os bairros negros onde um branco estava arriscado de ser morto simplesmente por caminhar a pé pelo mesmo, a contrapartida dos bairros brancos onde um negro seria morto simplesmente por andar a pé pelo mesmo. Os negros passaram a valorizar sua identidade negra e menosprezar os brancos, de forma racista. Consideram que os brancos cheiram mal, são desajeitados, não sabem dançar, são piores nos esportes, são menos espertos e menos criativos do que os negros.

Vários guetos compõem o mosaico americano: mexicanos, cubanos, porto-riquenhos, gregos, russos, irlandeses, armênios, iranianos, italianos, inclusive brasileiros. Nessas comunidades as pessoas seguem vivendo falando a sua língua de origem e casando seus filhos com pessoas da mesma etnia. Aqueles que casam fora da comunidade são criticados, embora se saiba que, no longo prazo, a miscigenação irá acontecer. Todavia, acontecerá muito devagar, levando 200 anos ou mais.

No Brasil, sem planejamento nem intenção deliberada do Estado, ocorreu uma miscigenação racial e cultural verdadeira ao longo dos séculos. Somos um país marrom, como resultado disso, um país onde muitos dos que se dizem "brancos", na verdade são mesclados. Temos racismo no Brasil, sim, ele é óbvio. Mas pelo menos não estamos nos matando nas ruas por questões raciais e a maioria da população (infelizmente não todos) não é racista.

Na Europa também existe racismo, e de forma mais acentuada do que no Brasil, mas não tanto quanto nos Estados Unidos. Na verdade a situação europeia é em si também muito diversificada. Algumas culturas europeias são mais racistas do que outras e isso se pode acompanhar facilmente pelo noticiário: existe mais tensão racial nas culturas germânicas e nas culturas anglo-saxônicas; um pouco menos nas culturas latinas e menos ainda nas escandinavas.

As políticas de Estado na Europa procuraram enfatizar mais o lado educacional e promocional, em detrimento da repressão. Tiveram um pouco mais de sucesso, mas ainda há muito o que fazer. A abordagem educacional, pelo menos, desperta menos revolta nos públicos alvos e influencia de maneira positiva as novas gerações. Nossos netos deverão ser menos racistas que nossos avós; vivemos uma fase de transição. Nas comunidades "mosaico", como a americana, a transição é mais demorada e difícil, se é que acontece. Nas comunidades mais porosas e permeáveis, como a brasileira, a transição é mais rápida, ou seja: leva apenas cerca de um século para acontecer.

O povo escolhido

O caso dos judeus exemplifica de forma mais clara e intensa um processo que acontece também com outras comunidades, de forma mais branda. Os judeus sofreram grande discriminação ao longo dos séculos. Entretanto, essa discriminação foi de certa forma alimentada pelo fato de se manterem como uma comunidade fechada. Os judeus mantêm a noção do "ventre judeu": de que só é judeu quem nasce de mãe judia. Reforçam, também, o incentivo para que os filhos e filhas casem com pessoas da mesma etnia; aqueles que se misturam com outras etnias são rejeitados.

Formou-se um círculo vicioso: a discriminação levava os judeus a se fecharem, defensivamente; quanto mais se fechavam, mais eram discriminados. O mecanismo de defesa se tornou reforçador da discriminação. O auge desse processo se deu com o holocausto na Segunda Guerra Mundial, mas não terminou ali. A criação do Estado de Israel forneceu um foco geográfico para o anti-semitismo. O conflito em Gaza serviu para reavivar os sentimentos anti-semitas no mundo todo. O foco geográfico ricocheteou e várias comunidades judaicas sofreram ataques, críticas e racismo renovado em toda parte. Mais uma vez o ciclo se repete: a comunidade judaica se fecha defensivamente e isso caracteriza um racismo judeu contra os demais, o que aumenta o racismo dos demais contra os judeus.

Curiosamente, meus amigos judeus acusam a imprensa internacional de publicar artigos tendenciosos contra Israel no conflito de Gaza, ao invés de fazerem uma cobertura imparcial da situação. Sempre ouvi falar que a imprensa internacional era dominada pelos judeus e, como tal, só publicava artigos tendenciosos favoráveis à comunidade judaica. Isso ilustra a importância da imprensa na formação da opinião pública e a relevância do seu papel na manutenção das atitudes racistas ou no combate às mesmas.

A origem

Em todo o mundo a origem do racismo vem da identidade tribal, desde a pré-história. A espécie humana se organizou em tribos, como os macacos, os chacais e outros animais. Essas tribos desenvolveram suas próprias identidades coletivas e viviam em conflito com outras tribos, disputando território. Os humanos são a única espécie que morre mais como vítima de seus semelhantes do que como vítima de outras espécies. A maior ameaça à sobrevivência do homem na terra é o próprio homem, muito mais do que os tubarões ou os mosquitos transmissores de doenças.

Essa identidade tribal fomentou a noção do "nós contra eles"; formaram-se hábitos e costumes que caracterizaram e diferenciaram distintas culturas, formando o chamado viés cultural: tudo aquilo que é semelhante à nossa cultura, consideramos como sendo "certo" e "bom"; tudo aquilo que é diferente da nossa cultura, diferente dos nossos hábitos e costumes, consideramos que é "errado" e "mau". Na verdade, nenhuma cultura (e nenhuma raça) é melhor do que outra. Existem apenas diferenças.

A expressão mais radical desse sentimento de "nós contra eles" é o racismo: é a ideia da tribo enquanto raça. "Nós" somos todos aqueles que temos a mesma aparência, o mesmo sangue. Essa era uma forma bem primitiva de determinar quem é meu amigo e quem é meu inimigo. No século XXI a situação melhorou um pouco, *pero no mucho.*

Graças aos horrores da II Guerra Mundial, o racismo foi declarado execrável e passou a ser combatido. Todavia, a atitude do "nós contra eles" persiste como uma forma disfarçada de racismo em muitas culturas de todo o mundo.

Racismo e Imigração

No Século XXI a facilidade crescente de comunicação e transporte está servindo de impulso às correntes migratórias não planejadas e não acordadas entre nações. Há duzentos anos atrás, Dom João VI mandou importar uma leva de 176 suíços que vieram fundar a comunidade de Nova Friburgo. Naquela época os imigrantes vinham ao Brasil como resultado de acordos bilaterais entre países. Atualmente testemunhamos as correntes de imigrantes independentes e voluntários, muitos pedindo asilo como forma de obter autorização para sua imigração irregular. Eles vêm principalmente da América do Sul e do Caribe, mas recentemente têm havido levas de imigrantes africanos.

Esses imigrantes sofrem dupla discriminação: pelo fato de serem estrangeiros e pelo fato de serem negros. Embora sejam trabalhadores dedicados e ordeiros, muitos começam a sofrer discriminação racial e são acusados de tomar o lugar de operários brasileiros.

Há alguns meses, minha esposa e eu jantamos no nosso restaurante favorito em Gramado, no Rio Grande do Sul. Nos chamou a atenção o fato do nosso garçom ser negro, pois eles são muito raros naquela comunidade. Também nos chamou a atenção o seu serviço impecável, com destreza e elegância igualmente raros naquela cidade turística. Conversamos brevemente e ele falou algumas expressões francesas do cardápio com perfeição; embora seu sotaque ao falar português fosse imperceptível, a perfeição do seu francês deixou transparecer que ele não era brasileiro de nascença. Revelou que vinha do Congo (ex-colônia franco-belga) e estava no Brasil há cinco anos.

Comentamos o ocorrido positivamente com amigos, destacando como era bom ver um jovem profissional congolês tão qualificado e bem aceito no Brasil. Para nosso desapontamento, alguns amigos se manifestaram totalmente contrários à situação que descrevemos. Criticaram como "ridículo" um garçom negro trabalhar num restaurante especializado em *fondue* acusaram os donos do restaurante de privilegiar um estrangeiro que tirava o lugar de um trabalhador brasileiro. Manifestaram ainda repúdio ao governo nacional, que deveria expulsar esses imigrantes. Percebemos que o racismo brasileiro continua vivo, mesmo entre pessoas cosmopolitas e de elevado nível educacional.

De um lado, sabemos que existem centenas de trabalhadores imigrantes negros vindos do Senegal e do Haiti nas empresas de Caxias do Sul e de Passo Fundo. Esses imigrantes têm sido elogiados por seu comportamento. Por outro lado, à medida em que eles crescem em número, despertam manifestações de racismo nas comunidades que se sentem ameaçadas por sua simples presença.

Distância de Poder

Em cada cultura, de acordo com os diferentes valores culturais pertinentes, o racismo adquire características próprias. Em assim sendo, ele se manifesta, por exemplo, através da competição nas culturas anglo-saxônicas, e através da organização e estruturação de processos, nas sociedades germânicas. Na cultura brasileira, onde existe uma grande distância de poder (respeito à hierarquia), essa característica dá um colorido próprio à expressão do nosso racismo.

Assim é que o racismo brasileiro se expressa como discriminação social daqueles que estão nos degraus superiores da nossa pirâmide social, contra aqueles que estão nos degraus mais baixos do que o nosso. A discriminação não ocorre apenas entre o topo dessa pirâmide social e a base; ela ocorre entre cada degrau e o degrau de baixo adjacente. Na cultura brasileira a gente aprende (erradamente, na minha opinião pessoal) desde cedo que é preciso "levar vantagem", passar os outros para trás, a fim de galgar degraus na pirâmide social. "Manda quem pode e obedece quem tem juízo", diz o ditado. Se você não quiser ser mandado a vida inteira, aprenda a mandar nos outros!

Vivemos da fantasia de obter o glamour fácil, de chegar ao pedestal da fama sem fazer força. Queremos chegar no topo da pirâmide de escada rolante ou elevador. A fama e o glamour são, para nós brasileiros, sinônimos de poder. A linguagem popular está cheia de expressões que expressam esses valores: "Fulaninha, você é poderosa!" (dito para a mulher bonita e vistosa), "Ontem, a Ciclaninha arrasou na festa!" (comentando que a beleza de alguém sobre puja a todos à sua volta). O elogio da beleza é mais do que um elogio: é um testemunho de poderio sobre os outros.

No Brasil, não há igualdade, não há respeito entre equivalentes. Existe sempre uma hierarquia (na percepção das pessoas), onde uns sobrepujam os outros. A sociedade é uma escada infinita onde cada um tenta galgar degraus para se sentir maior, melhor e mais poderoso.

O racismo é um instrumento dessa busca do poder. O racismo alimenta essa noção de que uns valem mais do que outros, de que os brancos valem mais do que os mulatos e os mulatos valem mais do que os negros. O irônico é que esses valores raciais de privilegiar os brancos foram importados da Europa no tempo do Brasil colônia. O trágico é que eles persistem até hoje. Somos uma potencia econômica maior do que Portugal e do que a maioria dos países do Velho Continente, mas continuamos educando nossa sociedade com base em valores europeus do Século XVI.

O que nos falta é um verdadeiro sentimento de igualdade, ou dizendo melhor: de equivalência. Somos todos diferentes, mas ninguém vale mais do que o outro. Essa equivalência é a ideia que nos falta; aprendemos valores contrários a isso, desde cedo.

Crianças cruéis

Esse comportamento de que "uns são melhores do que os outros, então é melhor eu me posicionar mais alto nessa hierarquia, sempre que possível" começa na família e se reforça na escola, infelizmente. O pátio escolar, na hora do recreio, é palco de grandes dramas interpessoais. Ali as crianças brasileiras aprendem a "se prevalecerem" uns contra os outros (agora a moda é chamar isso de *bullying*, mais uma instância da nossa submissão cultural à cultura americana) na tentativa de achar seu lugar ao sol. Ali começa o racismo e a discriminação contra "os diferentes" da nossa turma, antes até da adolescência, desde os sete anos de idade.

As crianças aprendem observando a conduta dos seus pais e dos parentes mais velhos, em casa, sejam irmãos maiores, tios, avós, primos, e na comunidade do bairro. Assistem a discriminação na TV, observam como os vizinhos se relacionam uns com os outros, como são tratados os funcionários do prédio, a existência de "elevador de serviço" e "elevador social", uma das formas mais básicas de discriminação.

No pátio da escola as condutas preconceituosas se amplificam e se reforçam. As crianças rotulam umas às outras sem piedade, isolam aqueles que parecem "diferentes" e transformam em párias os indivíduos que não se conformam às regras de uma turma de amigos ou amigas. Pequenos ditadores são constituídos, opressores e oprimidos são caracterizados, tanto entre meninos como entre meninas. Na adolescência, os ciclos mais uma vez se amplificam e se reforçam.

Para mudar nossa cultura é preciso mexer em tudo, de alto a baixo. No longo prazo, a cultura só muda quando se modifica a maneira de educar as crianças, dentro e fora da escola. No curto prazo, campanhas educacionais e debates nos meios de comunicação de massa e nas redes sociais precisam promover valores humanos, usando uma abordagem didática e positiva, pois isso é mais eficaz do que o castigo e a repressão.

Como eu já disse, se trata de uma questão de ênfase, com peso de 80% no positivo e 20% no castigo. Quando a ênfase é inversa, enfatizando o castigo, se cria uma sociedade baseada no medo e na perseguição; com isso, aumenta a violência e o desrespeito, ao invés da igualdade e da equivalência.

"Fuzilem todos os racistas!"

A marca registrada de uma sociedade de alta distância de poder é justamente a intolerância e o dogmatismo, mesmo quando se defendem valores humanos. Lembro do General João Figueiredo, que bradou "prendo e arrebento quem for contra a abertura", uma bela contradição em termos, assim como a expressão "inteligência militar".

No episódio da garota que xingou o goleiro, as reações na internet contra a menina foram piores do que o ato irresponsável e sem consciência que ela própria cometeu... Houve um verdadeiro linchamento virtual, estendido ainda a toda a torcida do Grêmio e a todos os gaúchos, que foram xingados de tudo o que se possa imaginar. Essas atitudes intolerantes são o próprio reflexo do racismo dissimulado que existe em (quase) toda a sociedade brasileira, de Norte a Sul. Está faltando espelho nesse Brasil, onde se acusam os outros com grande facilidade e sem pensar, exatamente da mesma forma impensada que a patricinha empregou ao xingar o jogador do time adversário.

Na multidão da torcida de futebol, as pessoas regridem aos tempos tribais pré-históricos: todo mundo vira troglodita sedento de sangue. A maioria se limita (ainda bem!) aos gritos e insultos; aqueles ainda mais irresponsáveis jogam objetos, brigam de fato a socos e pontapés, usam pedaços de madeira como tacapes e fogos de artifício como verdadeiras armas de fogo. Como disse um amigo meu (negro), comentando esse mesmo episódio, a torcida xinga a própria mãe, se ela estiver usando a camisa do time adversário.

Proibir a torcida de se manifestar de nada adianta; é preciso colocar a ênfase na educação e na promoção da diversidade e da equivalência. Os abusos devem ser punidos, mas com sabedoria e não com a raiva e o desejo de vingança. A violência na repressão estimula a continuidade da violência na pessoa reprimida.

O que precisamos é criar uma sociedade mais justa e solidária, não apenas nos estádios e campos de futebol. O que acontece lá é apenas o reflexo da sociedade como um todo e da educação que damos aos nossos filhos, desde pequenos, sobre nosso modo de conviver. Precisamos mudar tudo isso para acabar com o racismo nos estádios.

27.   O Vira-lata e o Racismo

Dizem que o brasileiro tem complexo de vira-lata. Reza a lenda que o brasileiro se considera um mestiço, o produto da miscigenação das raças branca, negra e índia, com alguma contribuição mais recente também de imigrantes do Japão e Oriente Médio.

Pelo fato de ser mestiço, o brasileiro se sente inferior, basicamente em relação aos Estados Unidos e à Europa. Ocorre que esse sentimento está ligado a um profundo racismo!

Ao invés do vira-lata ter orgulho da sua viralatice, do fato de ser mestiço, o vira-lata sente vergonha do que é. O vira-lata acha que o bom mesmo é ser raça-pura. O vira-lata é tão racista quanto o pastor alemão do kennel club de elite. O brasileiro que tem complexo de vira-lata é tão racista quanto os líderes neo-nazistas de outras partes do mundo, pois acredita que o bom mesmo é não ser mestiço, é ser raça-pura.

Vivemos presos a um conceito do século 19 segundo o qual o purismo racial é algo a ser admirado e determinadas raças são superiores a outras. O pior desse conceito não é nem a ideia de que existem raças superiores e raças inferiores; o pior é o conceito de que a pior coisa é a mistura das raças. Achamos que o mestiço é pior do que a pior das raças puras. Esse é o maior equívoco da nossa sociedade. Somos nazistas e não sabíamos. Hora de acordar!

Do ponto de vista biológico, a miscigenação nos dá um repertório maior de respostas aos desafios do meio-ambiente. O conceito Darwinista de evolução pela sobrevivência dos mais aptos reforça o valor dos mestiços, que são portadores de uma bagagem genética mais diversificada e portanto mais capazes de se adaptarem às mudanças cada vez mais rápidas do mundo de hoje. Entretanto, não esqueçamos que a realidade do Século 21 revelou que a genética nem é tão importante assim, para princípio de conversa. Ela pesa, sim, na determinação da personalidade e da capacidade e competência de todos nós, mas pesa muito menos do que a cultura, do que o ambiente no qual crescemos e nos desenvolvemos como pessoas.

Se a cultura é um fator mais importante do que a genética, fica mais claro ainda o valor da diversidade. Com a facilidade de comunicação e transportes que temos hoje, não existe cultura

149

nenhuma que não esteja sendo influenciada por outras, em maior e menor grau. A cultura brasileira, nesse contexto, é um prenúncio do que pode acontecer no futuro, pois ela é um produto de miscigenação cultural, mais ainda do que da miscigenação de raças.

Falta-nos, apenas, acabar com o complexo de inferioridade. Somos vira-latas, sim, por genética e por verdadeira mescla cultural; devemos ter orgulho disso e continuar aumentando a mescla cada vez mais.

Racismo e cultura

A origem do racismo, na verdade, está na cultura, no tribalismo mais primitivo. Está na noção de que "nós somos nós e eles são eles; nós somos fiéis à nossa tribo, aos nossos costumes, e quem tem costumes diferentes está errado. Os nossos valores são os valores certos, a nossa religião é a única verdadeira e tudo aquilo que é diferente deve ser rejeitado e destruído."

Essa era a realidade dos homens pré-históricos. A humanidade evoluiu nos últimos 10.000 anos... ou será que evoluiu mesmo? Quando leio os comentários feitos na internet, seja o assunto futebol, política, religião, economia ou televisão, me parece que trocamos tacapes por tabletes, mas a mentalidade é a mesma. O racismo está vivo entre nós, o nazi-fascismo floresce. Talvez utilizemos outros nomes para atenuar a barbárie, mas a essência é assustadoramente igual.

Persiste a ideia do "nós contra eles", nossa tribo contra a tribo deles, por vezes insuflada deliberadamente por líderes irresponsáveis preocupados apenas em satisfazer sua própria ganância no curto prazo, seja na política, no futebol ou na religião.

O Brasil, por ter uma cultura que gerou o complexo de inferioridade do vira-lata, incorporou o hábito equivocado de idealizar e imitar os outros. Na época da Colônia, idealizávamos e imitávamos Portugal; no Império e na jovem República, passamos a idealizar e imitar a França; depois da II Grande Guerra e até hoje, idealizamos e imitamos os Estados Unidos. Não paramos de idealizar e imitar os outros.

Foi preciso que um estrangeiro como o sociólogo italiano Domenico De Masi viesse ao Brasil e nos dissesse aquilo que deveríamos ter descoberto sozinhos: que nosso maior tesouro está nas nossas raízes culturais, na nossa origem indígena e na miscigenação de raças e culturas desses índios com os imigrantes de todo o mundo. O Brasil é um vira-lata admirado pelos outros e com vergonha de si mesmo. O racismo é combatido na Europa e nos Estados Unidos, mas continua vivo entre nós no Brasil, disfarçado. Invertemos o processo das tribos primitivas e fomos de um extremo ao outro: ao invés de acharmos que a nossa cultura, os nossos valores, são os melhores e os outros estão errados, achamos que os nossos valores, por serem mestiços, estão errados, enquanto que americanos e europeus são melhores do que nós, porque são mais "puros".

O paradoxo é que continuamos a acreditar em ideias (raça pura) que os outros abandonaram. Continuamos a comprar os produtos (intelectuais) que no primeiro mundo já foram substituídos por coisas melhores.

Precisamos deixar de imitar os outros e descobrir o valor da nossa própria identidade mestiça. Precisamos utilizar essa identidade para construir nosso futuro de acordo com o que realmente queremos ser e não de acordo com o que funcionou no passado para outras culturas. Precisamos entender que nenhuma cultura é melhor nem pior do que outra. A cultura brasileira não é pior e nem melhor do que outras. Nossa qualidade maior é justamente o fato de sermos uma mistura de várias outras. O que precisamos é apenas assumir nossas qualidades, boas e más, sem nos sentirmos piores nem melhores do que os outros.

Eu sou um vira-lata "brasileuro" (Brasil + Euro) e com muito orgulho. Nasci e me criei no Brasil, vivi nos Estados Unidos e moro na Europa desde 2003. A Europa é o continente mais diversificado do mundo e está passando por uma enorme transformação social, que pode determinar o futuro da humanidade. Essa transformação é justamente a integração de culturas, um processo no qual o Brasil está mais avançado do que qualquer outra nação. O futuro do planeta pode estar começando aqui, no Brasil. Nós podemos dar o exemplo para a Europa. Espero que não sejamos os últimos a nos dar conta do que está acontecendo e do nosso papel como brasileiros nesse processo todo.

28.   A Marilena Chauí Autoritária

A Marilena, que eu respeito como intelectual bem preparada, padece do mesmo mal que aflige muitos brasileiros de todos os partidos... Fala em democracia, condena o autoritarismo, mas adota uma postura anti-democrática e autoritária, ela mesma...! Logo no início da palestra, fala que a Erundina (a quem eu pessoalmente admiro) achava que os movimentos sociais que a conduziram à Prefeitura de São Paulo seriam suficientes para que ela pudesse conduzir o Executivo: a Câmara de Vereadores... Ora, a Marilena esqueceu os três poderes! O prefeito (poder executivo) não "conduz" a câmara de vereadores (poder legislativo)! O PT caiu na mesma armadilha de outros partidos: achavam que iriam governar mandando na câmara... Isso não é democracia.

A Marilena narra, também, que se reuniu com representantes de empresas seis ou sete vezes, mas que as reuniões não progrediam para a concretização das propostas. Ela chamou uma assessora para assistir uma reunião e lhe dizer o que estava acontecendo. Isso só, em si, mostra que ela 1) não tinha sensibilidade para entender as pessoas à sua volta; 2) não conseguiu estabelecer uma relação sincera com os participantes, mesmo depois de sete (!) reuniões; 3) não teve a capacidade de perguntar aos participantes "o que está havendo"; 4) ela estava fora da realidade em que vivia. A assessora logo "sacou" e explicou: "eles estão esperando você dizer o quanto vai querer de comissão... sem isso, as propostas não se concretizam."

O seu pecado maior, no entanto, é atribuir a corrupção brasileira ao Golbery do Couto e Silva... Como se o inventor da corrupção fosse um general! Isso é muita ignorância ou muito mau-caratismo político-partidário... Ela acusa "a ditadura" de ter inventado a corrupção na política nacional... Como se isso não acontecesse na época do Juscelino Kubitschek, nem na época do Getúlio Vargas, nem na época do golpe de estado que proclamou a República, nem na época do Império, etc. A corrupção brasileira, infelizmente, está na nossa cultura desde a colônia... Mas não vai se resolver enquanto ficarmos colocando a culpa no passado, por mais distante que ele seja, e muito menos no passado recente. É preciso enfrentar o presente e construir o futuro.

Para tanto, é preciso negociar, sim. A Marilena fala como se negociar fosse algo sujo e imoral; não é! Negociar é parte do processo democrático, no mundo inteiro, sempre foi e sempre será. Negociar não quer dizer "pagar comissão" a quem quer que seja, necessariamente. Negociar significa discutir e barganhar em relação a interesses conflitantes, que existem em qualquer sociedade. Pode não acontecer com dinheiro e mala preta, mas sempre envolve um "toma lá, dá cá" em termos de aprovar propostas que interessem às diferentes facções sociais envolvidas. Só não negocia quem é autoritário. Estamos apenas querendo trocar uma ditadura por outra. Quero um Brasil democrático, sem ditadura militar, sem ditadura do PT, sem ditadura da Marina Silva, sem ditadura do Aécio Neves. Cadê os verdadeiros democratas?

29. Olhando Além do Horizonte

Faltou ao PT um plano de longo prazo para o Brasil.

O plano de médio prazo era ganhar as eleições e, uma vez no poder, focar o plano econômico na geração de empregos e no resgate de 40 milhões de marginalizados, tirando-os da miséria. Isso Lula conseguiu e Dilma manteve.

Neste ano da graça de 2014, o plano era reeleger a Dilma, seguir com a mesma política econômica e apostar no pré-sal, que deve gerar mais riqueza e manter o povo satisfeito o suficiente para manter o PT no poder na eleição de 2018, elegendo o sucessor de Dilma (provavelmente o Fernando Haddad).

Faz parte desse plano de médio prazo, desde 2002, a convivência necessária com o fisiologismo do PMDB, passando daí para uma independência do PT. Tentaram fazer isso nessa eleição que passou (como mostrou Marcos Nobre na revista Piauí), mas o plano falhou: o PMDB deu o pulo de gato e saiu da eleição mais forte do que antes.

Afinal, o que é longo prazo?

Notem que eu falei até aqui em planos de médio prazo. A definição do que é curto, médio e longo, depende da cultura de um povo e da subcultura profissional de cada um. Na China, longo prazo é 50 anos e médio prazo é 20.

No Brasil a visão é muito mais curta, quando existe. A população em geral vive com horizonte de um mês para o outro. O empresário pensa no fim do ano; o gerente de banco pensa em 90 dias. O jornalista médio pensa em 72 horas, de acordo com a pauta. O operador de bolsa de valores pensa no final do pregão, no mesmo dia. Precisamos todos aprender a enxergar para além do nosso horizonte.

A desculpa favorita dos míopes e incompetentes é dizer que "não se pode planejar para o ano que vem, se eu nem sei o que vai acontecer na semana que vem". Desculpa esfarrapada e canalha. O planejamento é uma referencia e não uma previsão. Você pode (e deve) planejar dez ou até cinquenta anos na frente. Isso não significa que você precise prever com exatidão o que vai acontecer; você deve ajustar suas ações de hoje para que sejam consistentes com o plano e deve revisar e mudar o plano periodicamente. Não há vexame nenhum nisso, chama-se "inteligência". Manter os planos como imutáveis chama-se "burrice".

O problema do PT é ter apenas um plano para chegar ao poder e nele se manter. Está conseguindo, mas... e o País? Se o plano da oposição se limita a "vamos tirar o PT do poder, depois a gente vê", quem é que pensa no Brasil, quem é que pensa no Brasil de 2050?

O que vem depois da Bolsa Família?

A política econômica do PT (iniciada por FHC) foi a de gerar emprego e tirar 40 milhões da miséria. Maravilha, aplaudo de pé; mas, e agora, José? Os 40 milhões saíram da miséria para a pobreza, mais a coisa parou aí. A economia empacou; como tirá-la da estagnação, continuar a gerar empregos e transformar os agora 140 milhões de pobres (que ganham menos de R$1.500,00 mensais) numa verdadeira classe média, com o dobro ou triplo dessa renda? Parece que ninguém no PT pensou tão longe.

A estratégia mais óbvia passa pela educação. Um povo mais capacitado deve gerar mais riqueza pelo trabalho qualificado. Falta, porém, uma política nessa direção.

O investimento mais notável do PT em educação, além da Bolsa Família, foi o programa de pós-graduação no exterior para engenheiros e técnicos ligados ao programa do pré-sal. Trata-se do maior investimento feito por qualquer governo do mundo na qualificação de ensino superior. Nunca antes nesse País se investiu tanto... na coisa errada!

Explico: para realmente mudar a cultura da nossa Nação, é preciso mudar a forma como as crianças são educadas. O foco precisa ser colocado na formação de valores, que acontece antes dos dez anos de idade, ao invés de investir cada vez mais no ensino superior (universitário). A OCDE (Organização para a Cooperação Econômica entre Países Desenvolvidos) divulgou um estudo reproduzido nos principais veículos de comunicação brasileiros há alguns meses. Os dados mostram que os países mais desenvolvidos gastam, por aluno no ensino básico (primeiros cinco anos de escola), quase 60% (59,4%) do valor gasto por aluno no ensino universitário. O aluno universitário continua sendo mais caro, continua recebendo mais investimento per capita do que o aluno da escola primária. Todavia, no Brasil, o investimento per capita no ensino básico é apenas de 24,5% do valor gasto pelo Governo no aluno universitário. Ou seja, a concentração do investimento em educação, no Brasil, é duas vezes e meia maior no ensino superior, do que nos países desenvolvidos.

Parece um paradoxo, mas o que acontece é o seguinte: na infância se desenvolvem os valores, a ética, a disciplina no trabalho, o respeito ao próximo. Quando o aluno chega na universidade, já aprendeu a desrespeitar os outros, a passar a perna nos colegas, a fazer o mínimo para passar ao invés de buscar a melhoria contínua, a burlar as regras para levar vantagens, etc. Investir tanto no ensino superior, em detrimento do ensino básico, revela uma perspectiva imediatista e míope. O investimento concentrado no ensino superior, além de tudo, é elitista: ele mantém uma sociedade cada vez mais hierárquica, injusta e desigual. Só a elite consegue chegar na universidade; os alunos de famílias de alta renda ficam com a grande maioria das vagas.

É aí que se revela a pobreza dos planos do governo petista: para realmente mudar o País, falta uma perspectiva de longo prazo que privilegie a educação básica e mova a cultura brasileira na direção da igualdade, responsabilidade, respeito mútuo e melhoria das condições de vida para todos. Caso contrário, o projeto do PT ficará resumido a trocar uma elite por outra. Como disse Paulo Freire: "se a educação não é libertadora, a ambição do oprimido é tornar-se o opressor".

Mudança verdadeira

O que fazer, então? Do ponto de vista do próprio PT, é preciso qualificar melhor os próprios quadros do partido. Nem todo sindicalista de porta de fábrica pode se tornar presidente. Lula foi uma exceção, não é a regra. O PT precisa se tornar o verdadeiro Partido dos Trabalhadores, ao invés de ser o Partido dos Operários e Intelectuais Contra-Dependentes; para tanto, precisa investir na educação de seus próprios líderes e estimular o surgimento de novas lideranças. É preciso sair da postura de oposição para a postura de governar a todos com justiça, o que não é fácil. É muito mais fácil lutar contra a injustiça do que governar com justiça.

As políticas sociais devem continuar, sem dúvida; mas precisam ser acompanhadas de investimentos em infraestrutura e de simplificação tributária. E devemos pensar no que fazer para o "pós-Bolsa Família". O que fazer em 2030 para levar a classe pobre a se tornar classe média?

É preciso investir na educação de base, como já dito, e isso passa pela educação de professores, que precisam receber três vezes mais do que na atualidade, para que pessoas de talento sejam atraídas para a atividade. Hoje em dia o professor é um idealista mal pago; precisamos tornar a profissão mais atraente para os jovens que buscam uma carreira que lhes permita viver com conforto.

É preciso, também, educar pais e mães e a sociedade em geral para formar uma cultura mais justa, mais íntegra, de maior respeito e consideração. Basta dirigir melhor os recursos bilionários de propagandas do governo e das principais estatais, rumo ao tema de reeducação de valores morais, usando criatividade e bom-senso.

Para a oposição, é preciso apresentar propostas que não se limitem a criticar o que o governo faz. É preciso mostrar à sociedade que existem alternativas importantes para o País e pensar em longo prazo, no Brasil de 2050, ao invés de se limitar ao preparo para a próxima eleição.

Os marqueteiros de campanha política não devem liderar esse processo; afinal, eles são contratados "ad hoc", para ajudar a ganhar uma eleição com prazo fixo e curto (as campanhas eleitorais duram 6 meses).

Quem precisa liderar esse processos são os líderes empresariais e de ONG's não ligadas a interesses partidários, de forma suprapartidária e pensando no longo prazo. Se os políticos se mostram incapazes de produzir um plano para o Brasil, enxergando além do horizonte, façamos nós esse programa e pressionemos o governo para adotá-lo. O País precisa se desenvolver apesar dos políticos que temos hoje. A democracia se faz não apenas nas eleições e não apenas através de partidos; ela se faz pelo debate de propostas que realmente interessam ao País e que podem ser adotadas na sociedade pela ação das empresas, das ONG's e das pessoas em geral. E isso começa pela discussão do que queremos para o nosso futuro que nos espera além do horizonte.

30. Redução da Maioridade Penal

Por vício do ofício (psicólogo e consultor de organizações) sempre procuro entender o outro, antes de mais nada. Cultivo essa atitude em tudo, inclusive no futebol, na religião e na política.

A redução da maioridade penal está de novo nas manchetes, pois foi aprovada pela Comissão de Constituição e Justiça da Câmara e vai seguir sua tramitação para eventual votação. Deixo claro desde já que sou contra essa medida; todavia, me intriga o fato de que tantas pessoas a defendem apaixonadamente. Por quê isso? E por quê existe tanta raiva entre os que defendem a redução?

Conversando com alguns desses que propõem a medida, me parece que os argumentos são basicamente os seguintes: (1) existem muitos crimes cometidos por menores de idade; (2) esses menores não são punidos com severidade suficiente, pois são encaminhados a instituições correcionais para jovens (FEBEM e afins); (3) como a punição é pouco severa, os menores são encorajados a cometer crimes; (4) a redução da maioridade penal fará com que esses adolescentes sejam julgados e eventualmente condenados como adultos, sendo encaminhados às cadeias ao invés de às instituições para jovens; (5) diante da ameaça de uma punição mais severa, os jovens pensarão duas vezes antes de cometer crimes; e (6) é mais justo que jovens sejam punidos com a mesma severidade que adultos.

Essas pessoas pensam que aqueles que são contra a redução da maioridade penal se posicionam dessa forma porque têm compaixão dos criminosos; e essa compaixão serve para aumentar a raiva dos proponentes, principalmente daqueles que foram vítimas de crimes praticados por menores.

A coisa toda parece se reduzir a uma discussão entre o dono do pomar cujas frutas foram roubadas por um bando de moleques e aqueles que dizem que "isso é coisa de criança, sô; deixa prá lá..."

Entretanto, a realidade é muito mais dura: a criminalidade entre menores é uma tragédia nacional; a redução da maioridade penal pode transformá-la numa tragédia maior ainda, principalmente porque pode aumentar essa criminalidade ao invés de reduzi-la. O tiro pode sair pela culatra. Os proponentes parecem ser movidos, principalmente, pelo desejo de vingança contra os menores criminosos. Querem também acabar com a impunidade que existe no País e esse parece ser um passo nessa direção. Todavia, um assunto tão sério merece uma análise de cabeça fria, algo que se mostra difícil de fazer diante das emoções que o tema desperta.

Vejamos os argumentos: "(1) existem muitos crimes cometidos por menores de idade". Isso é fato. Entretanto, as estatísticas mostram que menos de 1% dos menores cometem crimes... e cerca de 13% dos menores são vítimas de crimes. A proporção é de cerca de 15 por um: para cada menor criminoso existem quinze menores vítimas de crimes. Isso me leva a crer que estamos atacando um problema e deixando de considerar outro, sendo que esse outro é quinze vezes maior... Não seria melhor dirigir nossa atenção para acabar com os crimes contra os menores de idade? Será que a grande incidência de crimes contra menores é um dos fatores que leva esses menores ao crime como reação?

O segundo argumento (punição insuficiente na FEBEM) é curioso. A FEBEM (ou equivalente) em todos os estados parece mais uma penitenciária do que uma escola... Creio que todos os especialistas concordam que essas instituições operam muito mal e não cumprem com sua função re-educadora. Entretanto, o desejo de atribuir penas mais severas é motivado por vingança e não por justiça; é baseado na vontade de punir e não na vontade de reabilitar; é baseado no desejo de retribuir e não no desejo de proteger a sociedade. Eu compreendo o sentimento de raiva e o desejo de vingança; mas na hora de legislar, é preciso agir de forma racional e ética, ao invés de agir de forma emocional. Caso contrário, vamos voltar à idade média, onde as prisões existiam apenas para inimigos políticos: os criminosos eram castigados fisicamente, com chicotadas, queimados com ferro em brasa, tinham suas mãos amputadas; ou eram executados através da pena de morte. Pensando bem, não é surpresa verificar que os proponentes da redução da maioridade penal são também defensores da pena de morte, na sua grande maioria. Ambas as medidas estão ligadas ao desejo de vingança.

O terceiro argumento faz a ligação entre punições leves e criminalidade. Esse argumento se baseia numa ideia equivocada, pois as estatísticas internacionais mostram que os países que possuem penas mais severas não são aqueles que têm menor criminalidade... A redução da criminalidade está ligada à ação da polícia e não à pena imposta. Onde a polícia prende com frequência, a criminalidade diminui. O que importa é o cumprimento da lei e não o comprimento da lei.

No Brasil, a criminalidade irá diminuir se a polícia for melhor aparelhada, melhor paga, mais capacitada para prender. A legislação não precisa mudar em nada. Nossa necessidade de criar mais leis e de pedir penas mais severas serve para desviar nossa atenção do verdadeiro problema, que é a falta de cumprimento das leis que existem. Reduzir a maioridade penal não vai diminuir a criminalidade, pode até aumenta-la, pois não ataca o verdadeiro problema.

O quarto ponto parte do pressuposto de que ir para a cadeia servirá para dissuadir os jovens criminosos. Na verdade, isso pode piorar a situação. Se a FEBEM cumpre mal o seu papel de reabilitar, as cadeias brasileiras têm desempenho muito pior. Se na FEBEM o menor está acompanhado de outros jovens e tem supervisão (mal feita) de educadores, na cadeia o menor estará acompanhado por maiores de idade, criminosos experientes que ensinarão aos menores o pior lado da nossa sociedade degenerada. O sistema carcerário brasileiro é uma escola do crime, onde a corrupção é generalizada e os detentos se filiam ao crime organizado.

O quinto ponto (penas severas farão o jovem pensar duas vezes) se baseia na noção de que a ética se forma pelo medo e não pela recompensa. Vários estudos apontam o contrário, mas existe outro contra-argumento ainda mais importante. Já se verificou, no norte da Europa, que penas sociais (trabalho comunitário) são mais eficazes do que o cárcere para evitar a reincidência. Quando o criminoso trabalha na comunidade, ele é punido pela vergonha (todos sabem que ele cometeu um crime e está cumprindo pena); mas ao mesmo tempo ele não está convivendo entre criminosos, ele pode aprender com o convívio entre pessoas que lhe oferecem bons exemplos. No cárcere, o criminoso não tem bons exemplos, só maus. Penas comunitárias, aplicadas nos crimes leves, evitam a reincidência e evitam a passagem para crimes mais pesados. Isso funciona melhor para reduzir a criminalidade. Só não funciona para satisfazer a sede da vingança das pessoas que sentem raiva...

O sexto e último ponto, de equivalência com os adultos, deixa de reconhecer que, efetivamente, quem tem 16 anos ainda está formando sua identidade e precisa de orientação. O adolescente é difícil de lidar, mas quando é tratado com violência, isso só contribui para que se torne violento também e se afaste cada vez mais da sociedade, se associando aos outros adolescentes revoltados. É assim que se formam as gangues de adolescentes criminosos.

Quando os pais tratam seus filhos adolescentes com excessiva severidade, o tiro sai pela culatra. O adolescente se afasta e fica cada vez mais difícil orientá-lo. Não se trata, por outro lado, de criar um adolescente sem limites, sem firmeza. O erro de muitos pais está justamente em não saber encontrar esse equilíbrio essencial: amar sem dar limites é tão ruim quanto dar limites exagerados e não dar amor.

O mesmo vale para a sociedade como um todo: precisamos encontrar a forma de educar, dar limites (as leis) e fazer cumpri-las. Punir de maneira eficaz (penas comunitárias são mais eficazes, está comprovado). Aparelhar e capacitar as escolas, a polícia, os professores e os policiais. Reduzir a maioridade penal só bota mais gasolina no fogo e satisfaz a quem está cheio de raiva mas não consegue analisar a questão de cabeça fria. Entendo a raiva sentida, compreendo o desejo de acabar com a impunidade. Mas isso se resolve com investimento na educação e na polícia; e não com a redução da maioridade penal.

31. Castels no Ar

Agradeço à amiga Marly Siqueira por me mandar o link de uma palestra do Manuel Castels, sociólogo espanhol: https://www.youtube.com/watch?v=O4h-hrF2ObE

A palestra do Manuel Castels é a de um romântico tergiversando sobre o óbvio... mas no bom sentido. :o)

O óbvio precisa ser dito, principalmente porque um aspecto que tem me preocupado bastante é justamente a escassa disseminação de ideias de vanguarda na sociedade.

O Castels é um romântico porque diz que a sociedade está se transformando e que a internet já não é uma minoria, o mundo inteiro está conectado... e isso não é verdade, esse é um sonho romântico que ainda não é realidade. Quem me dera fosse... Se existem 3 bilhões de conectados (acho o dado exagerado), restam mais de 4 bilhões sem conexão (sem contar os clientes da Net, que às vezes têm conexão e às vezes não...!)

Falamos do mundo que está mais próximo de nós como se fosse o mundo todo, mas o mundo todo é muito mais alienado e ignorante do que gostaríamos.

O movimento de ocupação de Wall Street (e de outros lugares) teve a sua importância, mas ela é muito menor do que gostaríamos de pensar. O movimento de protesto contra "os 1%" mais ricos está mudando a mentalidade da sociedade? Talvez esteja mudando a mentalidade de 5% da sociedade, e olhe lá... E, mesmo assim, muito devagar.

As mulheres mudaram a maneira de pensar sobre si mesmas? Sim, as mulheres informadas, interessadas. Quantas são, como percentual da sociedade? Talvez sejam 50% das mulheres brasileiras que têm pelo menos o secundário completo e renda familiar superior a cinco salários mínimos (R$ 4.000,00). Ou será que estou sendo otimista?

Pois bem, as mulheres brasileiras com essa renda e escolaridade representam menos de 5% da população, segundo o IBGE! Portanto, apenas metade disso mudou de mentalidade, ou seja: 2,5%...

É que esses 2,5% representam cerca de um milhão de pessoas. Um milhão é bastante gente; e se fazem parte da "nossa" classe sócio-econômica, fazem parte do "nosso mundo". Ficamos com a impressão de que "o mundo está mudando!". Mas é só o "nosso" mundo... Os outros 97.5% do Brasil não mudaram.

Me preocupa a ideia de que os intelectuais afluentes (como eu) vivem numa bolha e não se dão conta do quão pequena é essa bolha. Quantas pessoas assistiram à palestra do Castels via YouTube? 10.185 pessoas. O desafio é transformar isso em dez milhões.

Quanto ao conteúdo do que ele disse, me interessa a questão da busca de novas formas de representação democrática, conforme eu escrevi em 2008 no "Tire Os Seus Óculos". Veja que em 2008 isso já não era novidade; passaram-se sete anos e pouca coisa mudou. A cultura muda, sim, mas muuuiito devagar... E as mudanças ocorrem nas cabeças da minoria informada e afluente, que segue na ilusão de que representa o mundo todo.

Por isso tudo é importante disseminar o debate, para que mais pessoas despertem para a consciência social e política, para fora dos limites da bolha intelectual afluente. Sem revolução, sem luta armada, sem radicalismo. Por evolução. Mas a evolução precisa também ser acelerada pela disseminação do debate, para sair da velocidade de lesma baiana e passar à velocidade de uma tartaruga paulistana, pelo menos...

HISTÓRIA DE UM CASO REAL

32.   ABN AMRO e Banco Real

Essa é uma entrevista de Fernando Lanzer feita para servir de base a um estudo de caso desenvolvido pela Fundação Dom Cabral sobre a aquisição do Banco Real pelo ABN AMRO Bank.

P: Qual era o seu cargo quando entrou no ABN?

R: Gerente de Recursos Humanos Brasil.

P: Era um banco pequeno, de natureza diferente deste em que estamos aqui.

R: Bem diferente. O banco tinha, quando eu entrei, 1.200 funcionários. Sede no Rio de Janeiro. Comecei como gerente lá. Fizemos a transferência para São Paulo. Em 1995 foi criado o escritório regional para a América Latina e me convidaram para ser o recursos humanos para a América Latina. O titulo hierárquico já tinha mudado, eu já era vice-diretor de Recursos Humanos. Em 1996, fui para a Holanda — me convidaram para trabalhar no Recursos Humanos Internacional, na Holanda. Trabalhei lá de 1996 a 98.

Em 1998, quando compraram o Banco Real, me falaram: "Você é o candidato natural para ser RH do Banco Real, porque você tem experiência internacional, conhece a matriz do banco e conhece o Brasil, tem que vir". Então vim.

Eu não queria vir porque estava deixando uma porção de coisas inacabadas na Holanda, saí com a sensação de que não consegui terminar o que me propus a fazer, e isso me dava uma frustração. Por outro lado, o trabalho que se propunha no Banco Real era muito interessante. Era fazer uma integração cultural, uma fusão de culturas. Foi um caso curioso em que uma organização de um porte menor, em termos de Brasil, adquiria outra muito maior, um casamento em que o noivo era pequenininho e a noiva, enorme.

Podemos quantificar isso em termos de agências e de pessoal. O ABN, nessa época, já tinha crescido um pouco mais, ele estava com 2200 pessoas, e já tinha quarenta e poucas agências — na verdade, agências da financeira, da Aymoré. Agências do banco comercial eram uma dúzia. O Banco Real, por outro lado, tinha 600 agências e 19 mil pessoas. Então, o Banco Real era efetivamente cerca de dez vezes maior do que o ABN no Brasil, naquela época. E o Banco Real vinha justamente preencher o miolo daqueles dois extremos. Se o ABN continuava cada vez mais forte na parte de atacado, grandes empresas, e tinha também uma posição mais forte com financiamento de carros usados, todo o miolo de banco comercial, de varejo, de conta corrente, de pessoa física, caderneta de poupança, crédito imobiliário — tudo isso não tinha no ABN. Já o Banco Real tinha tudo isso e uma boa posição.

Então, era uma complementaridade muito boa, a sobreposição era mínima — na própria área de Recursos Humanos, inclusive, porque o Banco Real tinha uma área de Recursos Humanos muito pouco desenvolvida. Ela estava focada basicamente na administração de pessoal. A área de treinamento, por exemplo, tinha quatro, cinco pessoas. Trabalhavam muito com serviços terceirizados. Então, havia uma sobreposição mínima com a área de Recursos Humanos do ABN AMRO, que tinha uma equipe pequena, mas mais qualificada no geral nos aspectos técnicos de seleção, de cargos e salários, mesmo de treinamento. Assim, a gente era capaz de fazer a fusão com um mínimo de sobreposição e demissões. Na prática, nós não fizemos demissão por sobreposição.

P: Você era, a essa altura...?

R: Eu era Diretor Executivo do Banco Real, do ABN AMRO Brasil, que era Banco Real e ABN, tudo uma coisa só. A gente, em seis meses, juntou realmente as duas organizações, ocupando esse prédio — o prédio do ABN, que era na rua Verbo Divino, foi vendido. Realmente se tornou uma organização só.

P: As culturas dos dois bancos sendo muito diferentes, não houve, nesses seis meses, uma pororoca cultural?

R: Houve. Houve uma pororoca. Em seis meses, se juntou fisicamente. A pororoca cultural levou mais tempo. A fusão aconteceu no final de 1998 e a gente dizia assim: "Isso vai levar três anos". Quando chegou no final do segundo ano, a gente disse: "Bom, em dois anos 80% estão feitos. E talvez os 20% que faltam seja a parte que nunca termina. Sempre vai haver uma memória das duas organizações".

O pessoal do ABN tinha um luto, porque eles tinham saudade de um banco pequeno, um prédio menor, onde todo o mundo se conhecia, onde o presidente tinha a porta aberta, qualquer um podia entrar e falar com o Fabio Barbosa a qualquer momento, ele estava próximo de todos. E, de repente... Eu comparava assim: é como uma família, em que o pai, no caso o Fabio, casa de novo e a nova mãe tem dez filhos. Então você era filho único e de repente dez irmãos. Vai ser destronado assim, pelo amor de Deus! Era tanta gente nova no Banco Real a quem o Fabio precisava dar atenção que o pessoal do ABN se sentiu abandonado, órfão. Então eles tinham um luto pelo ABN antigo.

E o pessoal do Banco Real tinha um luto pelo Banco Real antigo. Tinha aquela marca forte do Dr. Aloysio *[Faria]*. Tinha uma cultura nítida de que "o que o homem quer é o que a gente faz". Não tinha grandes discussões, porque as discussões acabavam sempre no Dr. Aloysio, e quando ele dizia "é por aqui", e ele não levava mais de cinco minutos, ficava muito claro, não adiantava discutir muito, concordar ou discordar. Ficava claro, de uma clareza que dava muita segurança às pessoas. A gente sabe que ele não gosta disso e não gosta daquilo. Então, ou você adere ou você vai embora.

Já a cultura do ABN é a cultura de discussão de consenso, de tentar chegar ao que seria melhor para o banco do ponto de vista profissional. Ninguém tinha uma opinião pessoal que se impunha. A própria figura do Fabio, como líder — é uma figura forte , mas tem um estilo mais democrático. O Fabio não gosta de tomar uma decisão sozinho sem escutar os demais . E mesmo se ele escuta a todos e toma uma decisão, se ele sente uma parcela significativa dos diretores contrária à decisão, ele não impõe: "Pera aí, aí vamos continuar discutindo. Nós precisamos convencer pelo menos a metade dos diretores de que esse é o caminho que a gente deve seguir. Se eles não estão concordando, a gente precisa discutir, até porque eles podem ter razão e eu estar errado."

Esse tipo de atitude era interessante. Por um lado, porque dava mais espaço para participação; por outro lado, para o pessoal do Banco Real representava uma insegurança, uma falta de um norte claro. Eles precisavam se adaptar a essa nova situação, precisavam aprender a participar do processo decisório, e, com isso, compartilhar a responsabilidade também. Porque se o Dr. Aloysio tomar a decisão errada, para nós é muito conveniente, quem errou foi o homem. Ele mandou fazer, deu errado, o azar é o dele, o banco é dele, fisicamente, o cara é dono do banco. Agora, não. Todos são profissionais, ninguém é dono e se a coisa der errado nós todos somos culpados, porque a decisão é nossa, a decisão foi conjunta. Então, era uma situação bastante diferente.

Levou aí uns dois anos para acomodar essa situação toda e para dar um norte claro para a organização. Mas um norte que foi construído em conjunto com a diretoria como um todo e os gerentes do banco. Durante esse período, nós tivemos trinta seminários discutindo a cultura que a gente quer fazer, o banco que a gente quer ser.

O seminário era sobre os líderes da integração. Basicamente, a gente chegava num seminário desses e: "Bom, vamos descrever a nossa cultura hoje, recém fundida entre ABN e Banco Real. Quais são os pontos fortes e fracos? Como é o banco hoje e como é que a gente gostaria que ele fosse? Qual é o futuro que a gente quer? Que coisas a gente quer abandonar? Que coisas a gente deve adquirir? Que coisas a gente deveria manter e que coisas a gente deveria mudar? Fazia-se essa discussão com um grupo de vinte pessoas, durante dois dias. Ia para fora de São Paulo e repetia isso trinta vezes. As conclusões de cada seminário eram consolidadas com o seminário seguinte e depois se divulgava para todos. "Olha, as pessoas estão falando que o banco deveria manter uma característica que sempre houve, de respeito, respeito às pessoas, consideração de foco no cliente que sempre houve. Mas ele tem que ser um banco, mais dinâmico, mais profissional, menos paternalista."

O Real era um banco mais paternalista, precisava ser mais profissional. Mas ele precisava ser mais flexível do que era o ABN. O ABN no Brasil tinha uma herança um pouco rígida, em termos de "se a política é essa, tem que seguir à risca". E o pessoal aprendeu: no varejo, você tem que ter um pouco mais de flexibilidade, você tem que delegar um pouco mais para o gerente lá na ponta, para ele poder fazer alguma coisa. Então o que surgiu foi uma terceira organização, que não era nem o ABN e nem o Banco Real, era uma coisa diferente. E a gente começou a focar nisso durante esses dois anos.

Eu me lembro de uma reunião com 44 pessoas do Recursos Humanos. Eu fiz uma reunião no auditório. Estávamos discutindo, fazendo um balanço geral das atividades e tal. E aí surgiu na discussão, uma coisa assim: "A gente ainda tem problema com o pessoal do ABN e o pessoal do Real." E aí eu disse: "Vamos ver nesta sala. Quantos aqui vêm do antigo Banco Real?" Nove pessoas levantaram a mão. "Quantas aqui vêm do antigo ABN?" Onze pessoas levantaram a mão. Isso significa que todos os demais — mais que a metade — entraram no banco depois da fusão. Eles não são ex-ABN ou ex-Real. "Vamos parar com esse negócio de falar no ex-ABN, ex-Real, porque este banco é outra coisa, este é o ABN Real, que surgiu em 1998, e vamos tocar para frente e ver que banco a gente quer construir. A gente tem que reconhecer que existe o luto dos dois lados, do ABN e do Real, sem dúvida, mas o banco nunca mais vai voltar a ser o antigo ABN ou o antigo Real. Vamos reconhecer esse luto e vamos focar nossa energia em construir o banco novo."

Eu acho que nessa época — isso era 2000, fazia uns dois anos de fusão — é que a gente começou a discutir o Banco de Valor. Eu acho que a discussão surgiu em termos de dizer assim: "Nós precisamos esclarecer cada vez mais o banco que a gente quer ser. A gente teve o seminário no tempo da integração, O.K., mas o seminário passou assim como uma onda por todo o mundo que estava no banco naquela época. Mas este é um banco que tem uma rotatividade, rotatividade que é uma característica do mercado bancário brasileiro, que tem uma rotatividade de 10% a 12 % ao ano. Inclusive é baixa, para o mercado brasileiro.

Isso quer dizer que a cada ano 2.000 pessoas entram no banco — 2.000 pessoas saem e 2.000 entram. Dois anos e meio depois da fusão, tem 5.000 pessoas que não estavam aqui na data em que ela aconteceu. Então, nós temos, constantemente, um trabalho de esclarecer para onde a gente quer ir.

Essas pessoas que entraram, muitas delas não participaram do seminário de líder da integração, não participaram dessa discussão de que líder a gente quer ser. Então, a gente quer esclarecer mais que banco a gente quer ser. Então se começou a falar mais com Ricardo Guimarães, na época da Thymus, sobre qual é a essência da marca, ABN AMRO Real, a identidade o que a gente quer dizer com a marca quando a gente coloca o escudo do ABN.

Toda marca é uma promessa. Quando alguém vê esta marca, o que entende é a proposta dessa marca. Começamos a discutir essas coisas com o Ricardo, e surgiram coisas assim. Esta marca representa os valores do ABN . Integridade, respeito, profissionalismo, trabalho em equipe. Mas o que significa isso, na prática?

Começaram a discutir em torno disso, e surgiu essa noção, foi cunhado esse termo — acho que foi o Ricardo que colocou na mesa, de criar um Banco de Valor. Um banco que tem valores fortes e que, ao mesmo tempo, se propõe a agregar valor para os seus clientes.

Numa época a gente estava trabalhando com o José Carlos Teixeira Moreira, um outro consultor da área de marketing e que falava muito de a organização ter o lucro merecido. Em geral, na sociedade, as pessoas acham que o lucro é uma coisa injusta, coisa que decorre de a empresa tirar vantagem de seus clientes, de a empresa explorar os seus clientes. A gente precisa criar uma organização que efetivamente agregue valor ao cliente, e que o cliente pague de bom grado por esse valor agregado, porque ele percebe que houve um valor agregado para ele, na forma de um serviço, de um investimento. Se a gente consegue tornar isso claro, que efetivamente é uma verdade, o lucro passa a ser merecido, porque passa a agregar valor.

E esses conceitos se juntaram: Banco de Valor é agregar valor e ter valores fortes. E aí, como sempre, um estilo ABN de discutir tudo, consenso, discutir, questionar e tal. "Mas o que a gente está fazendo? Se estamos falando em agregar valor e em integridade e respeito, o que a gente está fazendo num país que tem uma série de problemas sociais?"

O Fabio tem uma frase que ele gosta de repetir: "O Banco não pode ir bem se o país vai mal". Nós não podemos ir bem como organização se o país vai mal. Até porque a sociedade indo mal, a economia indo mal, isso prejudica o negócio do banco. O banco pode ir bem algum tempo, mas eventualmente vai indo mal também. Nós precisamos dar para essa sociedade uma contribuição que vá além de prestar bons serviços, e agregar valor ao cliente e ter a retribuição merecida. Tem que ir além disso, tem que ter outro tipo de contribuição. E isso tocou fundo em alguns diretores, se tornou uma coisa pessoal.

P: Como assim?

R: Nós tínhamos que ter uma organização que fosse produtiva e, ao mesmo tempo, gratificante. Então nós temos uma organização produtiva, foi um sucesso, fizemos a integração das culturas a coisa está indo bem, as pessoas gostam de trabalhar aqui. Mas as pessoas também querem ter uma contribuição para a sociedade. Elas querem sentir que elas contribuem para a sociedade. O banco está no mercado não para explorar seus clientes, não para tirar vantagem, mas para efetivamente agregar valor, e valor não só para o cliente, mas também para a sociedade.

O Osório [Santos] tinha feito um trabalho pioneiro de começar, já em 1998, lá na financeira — o Instituto Escola Brasil. Um trabalho de adotar escolas públicas carentes, mas adotar em termos de ter um grupo de funcionários, de dez funcionários que se juntavam e passavam a apoiar aquela escola, não financeiramente, mas com seu trabalho voluntário. Conversar com a diretoria da escola e ver o que cada escola precisa. Basicamente, o que eles queriam era ajudar a manter os alunos na escola o maior tempo possível, além do horário escolar, não só durante as aulas. Mas se tivesse, por exemplo, uma quadra de esportes, as crianças poderiam continuar na escola, praticando esporte ao invés de estar na rua cheirando cola, enquanto os pais trabalhavam como operários e não havia uma mãe e um pai em casa para cuidar das crianças, porque ambos tinham de trabalhar. Então, a idéia era criar alguma coisa que mantivesse a criança mais tempo na escola, mais tempo longe da rua. Esses grupos de funcionários construíram ou reformaram quadras esportivas.

P: Com que recursos?

R: Buscavam recursos na própria comunidade, em empresas. O banco não dava dinheiro, mas esses funcionários conheciam clientes, empresas que eram clientes do banco, e iam às empresas, a um revendedor de carros usados que ficava próximo da escola e "escuta, nós estamos querendo construir uma quadra esportiva, precisamos de alguém que custeie o asfalto para fazer o piso, a tinta para fazer a demarcação da quadra, as redes para uma quadra de futebol de salão para o vôlei ou basquete. Você não pode colaborar?"

E de repente esse sujeito, que era o dono de uma loja de automóveis, falava "bom, legal, o meu cunhado tem uma loja de tinta, então pode deixar que a tinta eu forneço" Ou "eu tenho um primo que tem uma construtora que tem essas máquinas de fazer asfalto, a gente entra com o asfalto". E organizaram um mutirão. Um vinha com asfalto, outro com a tinta e os próprios funcionários chamavam também os pais e professores e eles pintavam num sábado, domingo — ia todo o mundo lá e construíram a quadra no fim de semana.

Isso é um trabalho muito bonito e que dava uma energia maravilhosa para todos. Todo o mundo saía entusiasmado da coisa, os pais, os professores, os empresários que entravam na coisa. E os nossos funcionários se sentiam muito bem de estar efetivamente contribuindo para alguma coisa. E o efeito sobre a escola era muito bom, porque as crianças viam o cuidado com que aquilo tinha sido feito, tinha aquelas que também participavam, iam lá no fim de semana para pintar. Passaram a cuidar daquela quadra como se fosse delas efetivamente.

As professoras, depois, notavam que as crianças passaram a ter mais cuidado com o material escolar, com as classes, com a sala de aula — antes desse tipo de trabalho, era comum encontrar as classes depredadas, grafite nas paredes. O pessoal disse: "Então, o que vamos fazer? Vamos pintar a escola, vamos consertar as classes que estão quebradas." E os nossos funcionários ajudavam a fazer isso, ajudavam a organizar, e sempre com a participação dos pais e dos professores da própria escola. Isso começou a se multiplicar e hoje em dia tem mais de cem escolas no Brasil inteiro.

P: E o que o banco ganha com isso?

R: O que o banco ganha com isso é o desenvolvimento dos funcionários, que aprendem a gerenciar um projeto, a conseguir recursos escassos, a vender a idéia. Uma coisa é você vender um produto bancário, que já vem pronto, o cara faz aquilo assim automaticamente. Outra coisa é você vender essa idéia, esse conceito para um empresário, para ele entrar com a tinta para fazer a quadra.

Então, a competência dos funcionários aumenta em função desse aprendizado. Também aumenta a dedicação deles. Eles fazem isso e isso dá uma energia, uma motivação maior no próprio trabalho, e eles aprendem a trabalhar em equipe, e como organizar , distribuir as tarefas, como planejar e depois controlar as entregas de diversas etapas do processo todo. Eles acabam aplicando isso no trabalho também.

A agência se torna uma agência mais eficiente, a equipe se torna mais próxima, eles têm uma vivência forte entre si e isso melhora o relacionamento. Se tem diferenças, essas diferenças aparecem e têm que ser resolvidas de alguma forma, para que aquele projeto tenha continuidade .Então, esse projeto acaba respingando positivamente no banco.

P: Vamos imaginar um funcionário do banco, do segundo, terceiro escalão. Pintou essa ideia. Ele não adere de maneira pragmática, só porque não voluntariar-se poderia pegar mal? Havia isso?

R: Havia. Se você perguntar para os gerentes, eles vão dizer que não, que todo o mundo entrou porque queria e não havia nenhum tipo de pressão. Mas eu acho que é ingenuidade pensar assim. Estou convencido de que muitas pessoas entraram nisso porque "está todo o mundo entrando e se eu ficar de fora vai ficar mal". Pode ser que não houvesse pressão do gerente, mas havia dos colegas. Aquela pressão implícita: se numa agência de vinte pessoas tem dez que entram, os dez que ficam de foram ficam na dúvida: "Pô, se eu não entrar, os outros vão ficar de cara feia para mim..." Não precisa ser uma pressão explícita — se todo o mundo está fazendo uma coisa, eu vou junto.

O brasileiro é muito assim. O brasileiro é muito coletivista, isso é dado de pesquisa, estatística. O brasileiro é coletivista, o brasileiro é na base do maria-vai-com-as-outras. "Tá todo o mundo fazendo isso? Eu vou junto, eu não quero ficar de fora, quero me sentir incluído nesse processo." Com as agências aconteceu isso. Começou a surgir uma, duas, três. "Eu também quero, tá todo o mundo falando bem, que é legal, que as pessoas gostam, vamos fazer na nossa agência também." Aí a sétima falou: "Não vamos ficar só nós de fora, vamos organizar uma coisa assim". E nessa leva toda, acho que alguns entraram assim "eu vou porque senão vai pegar mal".

O que acontecia, na prática, é que aquelas pessoas que no início não gostavam acabavam caindo fora. Porque nem todo o mundo que entrou terminou o processo. Tinha gente que entrou e que, lá pelas tantas, assim, "putz, tem que ir neste sábado agora, e neste sábado eu combinei de fazer não sei o quê com a minha namorada". Alguns iam caindo fora, ficavam aqueles que estavam genuinamente engajados. E alguns entraram no começo por pressão, ou por medo de uma pressão, e se converteram durante o processo: "Pô, mas esse negócio é bacana mesmo!" E permaneceram por convicção, embora efetivamente tenham entrado por pressão ou por medo de pressão.

P: Pedro Paulo Longuini falou na existência de três categorias: os convictos, os convencidos e os excluídos, aqueles que não se encaixam de forma alguma. Para a camada mais do alto, os diretores, essa conversa de responsabilidade social não soava um pouco esotérica?

R: Sem dúvida. Eu acho que quando a gente começou a ter essa conversa, o Fabio se deu conta do seguinte: Primeiro, quando ele tinha essa conversa, por exemplo comigo, que sou uma pessoa de Recursos Humanos, não tinha discussão. Ele chegava e falava alguma coisa assim, eu falava "é isso mesmo que a gente tem de fazer!" Um falava "mata" e o outro, "enforca". A gente concordava muito. Mas o desafio era a gente engajar os outros diretores que achavam que esse papo todo era muito esotérico. Esse era o desafio.

Então o Fabio propôs ter essa conversa com alguns dos mais céticos. Eles perguntavam:. "O que isso significa em termos de recursos do banco? Será que valeria a pena a gente desviar a atenção, desviar a energia para isso, ao invés de maximizar a eficácia do banco no atendimento direto de clientes? Por que a gente vai se manter nisso e até que ponto a gente vai? Até que ponto que isso vai? Nós não vamos transformar o banco numa entidade de caridade. Qual é o limite disso? Qual é o momento de falar, 'bom isso a gente não faz'? A gente faz até aqui, mas, daqui para lá, não faz. A gente dedica um tempo, mas esse tempo tem um limite. É xis horas por semana.

Quais são os limites dessa atividade que a gente está falando de expandir, a contribuição do banco além do serviço bancário? Qual é o limite disso? Nós vamos virar uma organização completamente diferente? E quais vão ser os limites disso?"

O Fabio começou a reunir alguns desses diretores , inclusive o próprio Flamarion *[Josué Nunes]* que era o vice-presidente oriundo do Real. Ele tinha feito muitos desses trabalhos no passado, tinha se envolvido com umas coisas de caridade do banco. Mas o Banco Real tinha se dirigido para essa contribuição cultural. Que eu, pessoalmente, via como uma coisa voltada para a elite. Embora se tenha um argumento: se você reforma o museu de artes do Rio Grande do Sul, o museu é aberto ao público. Legal, é aberto ao público — mas você vai ver qual público que vai: a maioria é classe média ou alta. Você não vê favelado entrando no museu. E se tiver um favelado entrando no museu, não duvido que o guarda não bata a porta.

Embora o museu seja aberto ao público, o cara vai dizer "não, pivete não entra". Então eu, pessoalmente, achava que o banco deveria dirigir a sua atenção e até recursos financeiros para educação, e mais nada. Eu voltava com aquela educação focada no adolescente. Não estava querendo reproduzir exatamente a mesma coisa, mas qual é o nosso foco? Educação. Pessoalmente, eu acreditava assim: o futuro do Brasil está na educação.

P: Essa foi uma sacada sua antes do início do debate?

R: Até antes do debate começar. A gente teve uma discussão, em 1999 ainda, quando o *[Floris]* Deckers estava aqui. "Vamos organizar as contribuições de caridade do banco e vamos escolher alguma coisa e vamos focar em alguma coisa." E eu defendia essa postura.

Mas a gente começou a discutir com os diretores, onde é que devia focar? E aí existia uma disparidade muito grande. Alguns disseram, como eu, na educação, e eu achava que educação tinha a vantagem, inclusive, de reforçar uma coisa que já existia, que era o trabalho do Osório: "Vamos pegar uma coisa que já está funcionando bem e vamos focar nisso, expandir esse projeto do Instituto Escola Brasil, porque ele está muito focado só no pessoal da financeira. Engajar todo o pessoal do Banco Real nesse tipo de coisa. Vamos expandir essa noção de ajudar escolas carentes para todo o banco e para todo o Brasil."

Mas tinha alguns diretores que "ah, não, nós precisamos ajudar o hospital para criança que tem câncer", que era uma outra atividade nobre. Um outro diretor era o Julio Bierrenbach, que estava já muito engajado pessoalmente nisso. "O mais importante é isso, assistir essas crianças que têm câncer, o hospital que trata delas e tal.

Já um outro diretor diz assim: "O Brasil não tem atenção suficiente aos idosos. Nós precisamos é ajudar essas entidades que tratam dos idosos, casas de repouso voltadas para o idoso. O Brasil é todo voltado para a juventude e para a educação, e o idoso acaba sendo abandonado. Justamente quando mais necessita de ajuda, ele é negligenciado pela sociedade em geral, é nisso que nós precisamos focar."

Surgiram várias coisas diferentes. Eu diria que a metade dos diretores focava na educação, a outra metade estava bastante dispersa e engajada com força suficiente nessas outras coisas. Para dizer eu não vou abandonar o hospital das crianças com câncer. Eu posso até ajudar mas eu vou continuar engajado pessoalmente nisso. Eu não vou deixar de acreditar que a gente precisa focar é na assistência médica. Eu não vou deixar de acreditar que a gente precisa focar é no idoso. Fica difícil de trazer o foco.

Quando começou a discutir Banco de Valor, o Fabio disse: "Eu preciso conversar mais com esses diretores que estão mais cépticos." Alguns, por exemplo, já tinham participado de outras coisas. Ele s achavam que era difícil organizar trabalho voluntário, que isso era complicado, que as pessoas no começo se engajavam muito mas depois a coisa meio que se esvaecia. E também era difícil de manter o foco nisso, porque depois virava um grupo reivindicativo e que se voltava para o banco e queria ajuda financeira — e o banco não queria dar ajuda financeira, queria apenas apoiar o trabalho voluntário em termos de liberar os funcionários para fazer alguma coisa, mas isso era difícil de administrar.

Então o Fabio começou a fazer essas reuniões de quarta-feira na hora do almoço. Ele juntava dois, três, quatro, cinco diretores e começava a discutir essas coisas. Vale a pena fazer essas coisas, sim ou não? Quais são os limites? O que se pode fazer de concreto? E, aos poucos, eles começavam a dizer também: "Precisamos incluir outras pessoas." "Olha, interessante a gente fazer isso, mas uma atividade em que a gente podia entrar é no microcrédito, dar empréstimos para pessoas realmente de baixa renda. Valores pequenos, mas que realmente vão fazer uma diferença muito grande para alguém que tem um pequeno negócio numa favela, numa padaria, uma pessoa que é costureira. Mas primeiro a gente tem que entender melhor como que funciona esse processo todo, quem sabe a gente convida o diretor de crédito para entrar nessa discussão também?"

E por aí vai. Aos poucos, foi ampliando esse grupo. Aí surgiu, lá pelas tantas, esta discussão: se a gente quer fazer essas coisas, se a gente quer ter uma atuação ampliada, como é que a gente lida com os nossos fornecedores, também? Se a gente quer, por exemplo, uma atuação voltada para o meio ambiente, a gente entra para uma política de conservar a energia, de ter um uso mais adequado da água, de selecionar o lixo. Mas tem muita coisa que a gente tem que é terceirizada dentro do banco, e se esses fornecedores de serviço terceirizado, ou empresas que fornecem equipamentos ou insumos para o banco, não tiverem engajados nesse tipo de comportamento, eles podem estar fazendo muita coisa danosa para o meio ambiente — e estão associados ao banco. O que adianta a gente dizer que nós só vamos usar papel reciclado se todo pessoal que faz serviços para o banco não usa papel reciclado?

Cada vez o banco usa menos papel, porque é tudo eletrônico, mas tem um pedaço que ainda trabalha com papel, e são empresas terceirizadas. Então a gente tem que incluí-las também nesse processo. Precisamos, também, trabalhar com umas ONGs. Essas organizações não-governamentais muitas vezes conhecem o assunto que a gente está querendo apoiar muito melhor do que nós. Se a gente quer trabalhar com ecologia, existem ONGs, voltadas para isso que têm ideias boas de como é que a gente pode reciclar lixo ou conservar energia. A gente está querendo fazer alguma coisa, mas a gente não conhece isso.

P: Vocês foram atrás das ONGs?

R: Fomos atrás das ONGs.

P: Você se lembra de alguma?

178

R: Eu fiquei mais envolvido nesse processo, a gente começou a dividir tarefas entre os diretores. "Quem aí quer ficar com ecologia?" Tinha o *[Luiz]* Maia, de Asset Management e ele disse: "Eu quero, ecologia é comigo mesmo". "Quem quer ficar com microcrédito?" O próprio diretor de crédito disse: "Eu vou fazer isso. O Majolo foi eu que contratei. O Flávio Weizenmann, também. Eles tinham trabalhado comigo no Iochpe, eu tinha contratado os dois no Ioscpe, como Recursos Humanos. O Flávio Weizenmann era o diretor voltado para crédito de grandes empresas, e virou o maior apaixonado pelo microcrédito, que era bem diferente do dia-a-dia dele. Virou o principal motor por trás do microcrédito e está até hoje dedicado a isso lá.

Eu fiquei com diversidade, que tem mais a ver com o quadro de recursos humanos especificamente. Então vamos promover a diversidade em termos de raça, de gênero, de incluir os deficientes físicos.

Hoje eu me emocionei. Agora estou na Holanda de novo, cheguei ontem ao Brasil para um seminário. Me emocionei quando, às 9 horas da manhã, fui entrar no banco pela porta lateral — e na minha frente vinha uma cega, guiada por um cão guia, para trabalhar, uma funcionária. Isso foi uma grande luta do Banco de Valor da diversidade, justamente, trazer o deficiente físico para dentro do banco. Dar emprego para essas pessoas.

Isso é o tipo de coisa que todo o mundo diz assim: "Bonito, bacana, mas então você vai contratar para pôr no seu departamento?" Aí o sujeito fala: "No meu departamento não tem nada que um cego possa fazer, ou que uma pessoa na cadeira de rodas possa fazer, ou que um anão possa fazer". É aquela coisa: "Eu gosto de negro, mas não quero que nenhum case com a minha filha".

Foi uma dificuldade. Acho que, destas frentes todas que a gente começou a distribuir, eu peguei o pepino maior. Depois a gente conversava e todo o mundo concordava: "Diversidade é o mais difícil e toca mais fundo nas pessoas". Você falar de ecologia, de preservar as árvores, isso tudo é muito bonito, e não mexe nos seus valores mais pessoais. Agora, quando você chega e diz assim: "Você vai contratar uma pessoa cega para trabalhar com você", você não sabe como lidar com a pessoa cega. Eu não posso chegar e falar: "Olha isso aqui" — a pessoa não vê, pô! Eu tenho que mudar algumas coisas no ambiente físico, na própria característica de trabalho, para que seja viável para um deficiente visual e assim por diante. E essa coisa de dizer "eu gosto de negro mas não quero que case com minha filha", bom, você vai ter um que trabalha do seu lado. As pessoas tinham dificuldade de lidar com isso, era complicado.

P: Como que era posto para as chefias? "Vocês pensem na questão" ou "vocês têm que fazer isso"?

R: A ideia toda era a seguinte. Para tudo isso a gente precisa engajar as pessoas, não pode ser imposto. Se for imposto, a primeira reação das pessoas é se defender. Qualquer coisa que você impõe, as pessoas se defendem. Você convida e deixa genuinamente as pessoas aderirem ou não. Aquelas que aderem, aderem de corpo e alma, e aí a coisa vai.

Eu lembro a gente discutindo, no próprio grupo de diretores, "vamos formar um grupo de diversidade". É melhor que a gente crie um grupo de funcionários que queria trabalhar nisso e que vejam isso como uma missão, como uma causa, e não como uma tarefa. Vamos abrir para quem quiser." E aí o próprio pessoal do grupo de diretores disse assim: "E aí eles têm que nos apresentar um plano de ação e dividir os grupos: os que vão trabalhar com diversidade de gênero, os que vão trabalhar com diversidade de raça".

Eu disse: "Calma, isso eles vão ter que organizar, senão nós vamos estar organizando. Nós temos que delegar isso para eles". E o próprio grupo tinha dificuldade de delegar. Na cabeça, todo o mundo dizia que sim, mas, na hora de partir para a ação, a tendência era sair fazendo. Era difícil delegar.

Acabamos decidindo assim: "Nós queremos engajar e vamos convidar as pessoas para participar, e participar significa que eles assumem a responsabilidade para se organizar. Eles podem até propor coisas e nós aprovamos ou não. Eles não vão tomar decisões sozinhos. Nós temos que aprovar tudo, mas eles é que têm que propor, porque senão que engajamento é esse? Pedindo gente para executar aquilo que nós decidimos para eles? Não.

Tem que ser por aí, tem que partir deles. E se eles disserem que é melhor fazer desse ou daquele jeito, vamos discutir. Mas, enfim, então se começou efetivamente a trabalhar com essas pessoas, a gente começou com uma palestra no auditório.

P: Estamos em que ano?

R: Acho que era 2001. Fizemos uma palestra no auditório. "Nós queremos saber quem, aqui nesse auditório" — tinha umas

150 pessoas — "estaria interessado em trabalhar em grupos que a gente vai formar para trabalhar com diversidade. Quem estiver interessado dá o seu nome na saída."

Tinha 80 nomes, era mais do que a gente pensava. Porque esse pessoal tinha de administrar o seu tempo de dedicação dentro e fora do seu horário de trabalho. Tinha de administrar a sua relação com o seu chefe. Porque muitas vezes a pessoa falava "quero fazer tal coisa", maravilha, mas o chefe não quer coisa nenhuma: "Se você quiser fazer, vai fazer, mas fora do horário". Embora a gente diga "nós queremos que os chefes disponibilizem as pessoas", a gente não queria impor isso. Então ficava, na verdade, a critério do chefe. Tinha aquele chefe que dizia: "Esse negócio é uma coisa bacana, eu acho válido que o meu funcionário saia uma vez por semana para participar de reuniões, vai ser bom para ele também, uma boa experiência". Mas tinha também aquele outro que dizia: "Você tem que ficar aqui. Se você quiser fazer outra coisa, é fora do horário". Tinha tudo isso. Mas as pessoas se engajaram. Na diversidade, a gente começou a procurar ONGs,

P: Naquele grupo de oitenta pessoas havia algum negro?

R: Tinha um ou 2.

P: Tinha anão, tinha cego, tinha o quê?

R: Não tinha anão, não tinha cego, não tinha nada desses dentro do banco. Homossexual, ninguém se identificava. A gente sabia que tinha dentro do banco, mas ninguém levantava a mão e dizia "eu sou gay e quero trabalhar com gays".

P: E hoje, tem algum que diz isso?

R: Hoje tem alguns que dizem. Mesmo assim, eles ainda se escondem. Nós tivemos uma publicação que foi feita, um depoimento [procura], ah, está aqui. O gay não quis se identificar. Ele aparece aí numa foto dizendo "ainda não me sinto a vontade de levantar a mão e dizer 'eu sou gay'" Ele sabe que tem muita gente que sabe, mas ele não se sente bem em se identificar em público, aí muito mais gente que não sabe vai saber e ele ainda se sente discriminado e perseguido.

P: Aquele grupo de oitenta era predominantemente masculino?

R: Eu não sei. Eu não tenho preconceito nesse aspecto. O problema é que eu nem olhava para isso. Eu estou para te dizer que a maioria eram mulheres, mas a gente não contou: tem mais mulheres ou mais homens? A lembrança que eu tenho é que os líderes dos grupos eram mulheres, para nem sempre. Tem um grupo que vai trabalhar com a questão de diversidade de gênero. Esse grupo vai eleger um coordenador. "Quem vai coordenar esse grupo? Ah, fulano! Tá O.K."

Então eu me reunia com os coordenadores dos grupos para ver: como é que estão fazendo, o que precisa de apoio? Há alguma coisa que a diretoria do banco precisa fazer? Tem algumas decisões que a gente pode tomar em conjunto? Fazia um acompanhamento dos grupos. E nessas reuniões tinha mais mulheres. Então, estou para te dizer que tinha mais mulheres envolvidas nesse tipo de coisa do que homens. Mas a gente nunca parou para contar e ver se está equilibrado o nosso grupo. A gente não parou para pensar nisso. A gente falava no banco em geral, mas nunca parou para contar em termos de homem e mulher.

O que a gente fez foi: "Bom, eu tenho um grupo que vai trabalhar com raça e nesse grupo não tem nenhum negro. Cadê os negros? O que houve? Nós temos uma japonesa, uma nissei, mas por que não tem um negro?" Ela dizia: "Eu conversei com alguns dentro da organização e eles não sentem bem se querem assumir uma posição mais ativista, porque eles acham que isso, na verdade, vai transformá-los em alvo, e eles vão ser mais discriminados ainda." Eu até entendo o medo que eles têm e talvez eles tenham razão. A gente não quer criar uma série de guetos, uma série de grupos militantes que acabam se isolando. A gente quer provocar a integração efetivamente.

Então, se a gente tornar esses grupos assim... Por exemplo, se no grupo de igualdade de gêneros tiver só mulheres trabalhando, isso não ajuda a integração. Isso só transforma as mulheres num gueto e *[faz crescer]* a resistência dos machos conservadores contra o grupo, porque se sentem ameaçados. Radicaliza nos dois pólos.

A mesma coisa em relação a raça, religião e deficiência física. Ao mesmo tempo, a gente tem que incluir esse pessoal. O grupo de raça vai fazer uma reunião com os negros do banco. Vamos convidá-los para uma reunião e vamos conversar, e aí ver se tem algum que quer entrar no grupo. Se tiver, tudo bem, mas a gente tem que conversar com eles, para entender melhor como é que se sentem, que formas de discriminação existem que a gente nem se dá conta que existem. E que eles devem saber e sentir.

P: Isso dá complicação até para o cara que vai precisar dizer: "Eu não sou preto!"

182

R: Isso tinha também Porque, na verdade, existe uma discriminação assim: o mulato não se acha negro e discrimina o negro, talvez até mais do que faz um branco que tenha a cabeça mais aberta. Isso tinha muito, e tem ainda. Aí, nessas horas, a gente precisa trabalhar com uma ONG para entender melhor esse negócio. Quais são as entidades de negros que existem em São Paulo e que podem nos ajudar?

A gente saiu a fazer um mapeamento das ONGs e o que a gente encontrou foi muito interessante. Nós mapeamos 31 ONGs de negros, com orientações muito distintas. Eram ONGs voltadas para desenvolvimento, promoção, integração da raça negra. Mas, por exemplo, tinha líderes que eram umbandistas, pastores protestantes, padres católicos, bispos de igrejas novas, Universal do Reino de Deus. Vários segmentos religiosos diferentes voltados para os negros.

O problema é que essas entidades tinham um conflito muito grande entre si, em função das convicções religiosas. Um outro é que a abordagem era muito diferente. Tinha algumas que eram muito combativas, achavam que tinham de adotar uma postura de confrontação para acordar para a questão do negro; e outras que diziam "não, uma atitude confrontacional, apenas distancia, provoca mais resistência da sociedade branca. O pessoal se sente ameaçado. A saída é a educação, precisamos nos voltar para mais e mais oportunidades de educação para os negros. E, e se eles se qualificarem melhor, vão se integrar na sociedade branca."

Nós fizemos uma coisa memorável, que foi juntar essas 31 ONGs, essas 31 entidades, aqui numa sala de reuniões do banco. Vieram cerca de sessenta pessoas — algumas entidades vieram com mais de um representante. Estávamos eu, a Malu *[Maria Luiza de Oliveira Pinto]* e a pessoa que hoje trabalha aqui com a Malu — agora está me fugindo o nome dela —, que era na verdade quem tocava o projeto todo. Não é a Bia, ela era minha funcionária de Recursos Humanos, era Gerente de Recursos Humanos, mas ela via a diversidade como uma causa, e foi voluntária desde o princípio.

P: Laura Oltromare?

R: Laura, isso mesmo. A Laura começou gerenciando esse processo e logo depois pediu para sair da área de Recursos Humanos e ir para a área de Responsabilidade Social, quando essa área foi criada, porque ela queria se entregar em tempo integral a isso, e a gente apoiou. E ela realmente é quem tocava o negócio todo. Eu era a figura de autoridade emprestada para os grupos, ajudava a apoiar, a tocar, mas quem fazia o trabalho todo era a Laura, um trabalho memorável. Foi ela quem organizou essa reunião toda.

Mas na reunião eu estava como uma figura de proa, representando o compromisso da diretoria do banco efetivamente. A reunião começou meio difícil, porque todo o mundo estava céptico. Talvez daquelas sessenta pessoas tinha umas dez que estivessem achando legal a iniciativa do banco, mas tinha cinquenta que diziam: "Quero ver no que vai dar esse negócio. Onde já se viu banco fazer isso? Esses caras estão querendo alguma coisa!" E eu comecei a fazer uma apresentação toda para dizer qual era a política do banco em relação a isso, qual era a postura do banco em relação a isso, porque efetivamente a gente queria apoiar a integração do negro na sociedade e no banco.

E que uma dificuldade que a gente estava tendo era conseguir candidatos, porque os negros percebiam que existia preconceito e sequer se apresentavam. Eu fui a uma agência em Belo Horizonte que tinha 120 funcionários — e não tinha um único negro. Perguntei ao gerente o porquê disso e ele falou: "Porque eles não vêm. Nós tivemos uma vaga e botamos um anúncio no jornal, uma vaga para funcionário. Eu tive cem candidatos, e não tinha um único negro entre eles."

Não sei se isso é uma desculpa, não sei se eu acredito piamente no que esse cara está me dizendo, mas deve ter um fundo de verdade também, ele não deve estar mentindo descaradamente para mim. A verdade deve estar no meio também.

Então a gente queria que as ONGs nos ajudassem: como a gente faz para recrutar? Onde é que a gente recruta, como é que a gente espalha a notícia de que o banco quer contratar negros? O negro vai encontrar preconceito, discriminação, mas vai encontrar apoio da diretoria, apoio formal de que ele seja efetivamente integrado e acolhido. E que é um processo de mudança e a gente tem que fazer dessa forma. Não vai transformar a cabeça dos gerentes que têm discriminação, não vai transformar com varinha de condão. Tem que forçar um pouco.

Eu disse "Nós estamos fazendo uma campanha interna de comunicação e é isso que a gente quer, mas a gente tem que trazer o negro para integrar. O que vocês têm para nos dizer, para nos ensinar, qual é a experiência que vocês têm tido, vocês já fizeram isso em outras empresas?"

"Nos digam se não é nada disso, vocês têm que fazer uma abordagem diferente, como vocês têm que fazer para recrutar. Ensinam como e vocês nos apresentam na comunidade. Vocês têm reuniões, por exemplo, na igreja e nós vamos lá e falamos, nós temos vagas em aberto, queremos admitir? Ou é melhor vocês dizerem isso? Vocês transmitem a mensagem do banco, mas é melhor que ela parta de vocês.. Não sei, estamos aqui tentando fazer uma parceria para trabalhar juntos."

Tudo isso. Eu gastei meu latim durante quase uma hora e o pessoal continuava desconfiado. Até o momento em que, no meio da apresentação, eu mostrei um quadro que mostrava a quantidade — percentual de negros, brancos, índios, amarelos que existia no banco, por região e por nível hierárquico. Quando eu mostrei esse quadro, o pessoal disse que a gente estava falando sério. E disseram isso na hora.

"Eu nunca vi isso antes em nenhuma organização. Agora eu acredito no que vocês estão querendo fazer. Porque eu nunca vi uma organização de ter a coragem de mostrar isso que você está mostrando para nós." Eu disse: "O banco está querendo ser transparente e a gente sabe que a realidade é ruim. Vocês vêem aí: no nível gerencial, 0,2% apenas; no banco como um todo, tem 2% de negros. Numa sociedade que tem 30% de negros, sei lá. Sem dúvida existe preconceito. Aqui nas nossas estatísticas, 87% dos funcionários são brancos. Na sociedade brasileira tem cerca de 60% classificados como tal, e nós queremos mudar isso, e precisamos da ajuda de vocês."

Mas, efetivamente, o fato de mostrar os dados deu para eles a certeza que o banco não tinha medo de se expor. Era fácil jogar pedra no banco — mas ao contrário: ao invés de jogar pedra, o pessoal falou O.K., vamos nos engajar nesse processo também.

Teve muita discussão ali na hora, mas eu acho que ainda não é o suficiente, o banco precisa mudar isso, mudar aquilo. Teve uma lá que se levantou e disse: "Eu fui discriminada numa agência e entrei na Justiça contra o banco em 1998". E eu digo: "Eu sinto muito, eu peço desculpas como organização, mas a gente sabe que isso existe e é isso que a gente está querendo mudar, mas precisamos da ajuda de vocês para mudar."

Teve discussões entre eles, alguns dizendo não é por aí, a gente tem que fazer coisas diferentes. Aí um levantou e disse: "Vocês vão ter sistema de cotas?" Eu digo: "Não, nós não acreditamos no sistema de cotas". "Ah, eu sabia, esse negócio não é sério! Se não tiver sistema de cotas, não estão falando sério."

Aí um outro, do próprio grupo, falou: "Vamos ouvir, eu tenho dúvida se sistema de cota é a maneira de resolver." É claro você só podia ter dúvida, né? E começaram a quebrar o pau, entre eles mesmos. E teve um cara que foi decisivo. Além de negro, era cego, ele se tornou cego depois de adulto. Levantou e disse: "Duas coisas. Primeiro, o que o banco conseguiu fazer aqui é uma coisa inédita, porque nós nunca sentamos todos numa sala. È a primeira vez que nós estamos sentados todos numa sala e esse mérito o banco tem, conseguir sentar todos juntos para discutir isso. Segundo, isso é uma oportunidade para a gente ver o nosso próprio preconceito, porque eu passei a ser discriminado depois de ser cego. Eu percebi que eu estava sendo discriminado não por ser negro, mas por ser cego, e por outros negros que têm preconceito contra o cego. Então eu vejo que essa coisa de preconceito é complicada e ela existe entre nós também. Ninguém é dono da verdade. Acho que é louvável que o banco esteja nos reunindo aqui e acho que a gente tem que aproveitar como uma oportunidade única que a gente tem." Aquilo realmente foi decisivo e aí efetivamente se foi discutir uma forma de ação e tal. Isso já foi em outubro e novembro de 2002. Então, essa foi uma parceria que se fez.

P: Com aquelas entidades ali.

R: Com aquelas. Teve uma entidade que não veio, não atendeu nosso convite. Disseram: "Nós queremos vir e queremos filmar a reunião toda." E nós falamos: "Não achamos que se deva filmar. Não sabemos como vai ser essa reunião, se vai dar certo ou não, se vai quebrar o pau, se vai virar uma acusação contra o banco do começo ao fim, e a presença de câmeras pode inclusive inibir as pessoas. As pessoas vão se comportar de uma forma diferente se tiver uma câmera de televisão ali o tempo todo. Eu acho que é cedo para fazer alguma coisa assim. Se a coisa começar a funcionar e houver outras reuniões, pode até ser que um dia a gente vá lá, não para fazer propaganda do banco, mas para divulgar as ideias das ONGs".

"Mas na primeira não pode, e nós não vamos. Mostra que vocês não estão sendo sérios. Se vocês fossem sérios, não teriam medo de ter uma câmera de TV." E uma outra não veio. Nós tínhamos 31, eu acho que a gente convidou mais, mas não vieram .E uma de que eu me lembro bem foi esse conflito da televisão.

Aí de maneira semelhante, deficientes físicos, fomos falar com entidades de cegos, com deficientes auditivos, os cadeirantes, eles têm experiência para nos dizer "o tipo de problema que a gente encontra na empresa é esse. O problema que os nossos associados, o pessoal da comunidade que enfrenta é esse e, depois, eles conhecem isso mais que nós. Eu sempre acreditei que a gente tem de atacar em várias frentes simultaneamente. Acho que isso não é um trabalho sequencial. É uma dificuldade.

A gente, quando tenta vender isso para o pessoal de engenharia, de finanças, normalmente esse pessoal tem um pensamento cartesiano, linear e sequencial. "Primeiro faz isso, depois aquilo outro e depois... Primeiro a gente trabalha com as ONGs, depois a gente recruta" — eu digo: "Não, vamos fazer tudo ao mesmo tempo. Vamos chamar as ONGs e vamos começar a recrutar. Escrever a política é o de menos. Eu não quero que as pessoas digam assim: "Eu preciso contratar um negro porque está na política do banco. Então pega o primeiro que está na rua e bota pra dentro."

Eu quero começar discutindo a coisa. Diversidade é uma coisa que toca fundo nas pessoas e a gente tem que começar a discutir, e discutir o conceito de diversidade. Uma das melhores coisas que a gente fez lá no começo foi assim: "Daqui a duas semanas, na sexta feira, vai ser o Dia da Diversidade. Todo o mundo deve vir ao banco vestindo a camiseta do seu time de futebol." E aí foi uma coisa de sentir a diversidade na pele. Brasileiro é muito ligado a futebol, e então você descobre que o cara que estava sentado na ponta do corredor era corintiano e você não sabia. Você é palmeirense e o outro é são-paulino. Fica visível — você olha para o banco e só tem camiseta de futebol.

P: Veio mulher com camisa de futebol?

R: Sim. Muitas. Tem palmeirense, corintiana, são-paulina. E teve gente que veio de camiseta da Pastoral, da CUT , do PT, alguma entidade assistencial, de algum evento esportivo de que participou, maratona não sei do quê. As pessoas vieram cada uma com uma camiseta.

Isso, para mim, foi fundamental para transmitir essa ideia de que a diversidade representa uma riqueza para o banco, para a organização. Se o banco tiver um grupo de funcionários diverso, ele vai ser mais capaz de lidar com um grupo diverso de clientes. Tem melhor capacidade de resposta, de entender o cliente, quando tem um grupo diverso de funcionários. E se você, como indivíduo, estiver trabalhando com um grupo de diferentes pessoas, você se enriquece, você aprende mais com quem é diferente de você. Você não aprende com que é igual a você — você aprende com quem é diferente de você.

Então, quanto mais diversidade tiver à sua volta, mais você vai se desenvolver enquanto pessoa. E esse conceito a gente dizia claramente, com estas palavras. Começando no próprio Recursos Humanos. "Vamos contratar um deficiente físico para trabalhar. Qual é a vaga que a gente tem?" "Nós temos uma vaga em recrutamento." "Quero um deficiente físico trabalhando nessa vaga." Descobriram uma moça que era paralítica, cadeirante.

P: Já era funcionária do banco?

R: Não. Candidata externa. Foi admitida uma pessoa de cadeira de rodas. Então o candidato do banco, quando entra, vai ser entrevistado por uma pessoa numa cadeira de rodas, que vai fazer a entrevista. Isso já diz alguma coisa. E aí o funcionário que entra já sabe que o deficiente físico é aceito dentro do banco.

Eu tenho uma vizinha , uma parente: "Por que você não vai ao Banco Real? Eles admitem gente em cadeira de rodas." Admitimos um anão para trabalhar no call center de RH. Call center interno. Nós temos um pequeno call center, com meia dúzia de funcionários que ficam atendendo chamadas internas. Um deles é um anão, Bruno.

De cara, a gente começou a aprender. O Bruno veio trabalhar no primeiro dia e ele não alcançava o botão do elevador. Como ele ia chegar no andar dele? Ele ia ter que pedir para alguém apertar o botão. Mas se ele está no elevador sozinho, só vai até o segundo, porque acima do segundo ele não alcança. Então o que a gente tem que fazer? Tem que colocar um banquinho para ele subir, ou tem que baixar o painel do elevador para que fique na altura. Quando ele chega aqui na porta no andar, ele tem que passar o crachá de aproximação, e não alcança, porque o crachá está colocado na altura do peito de um adulto. O anão, mesmo alcançando a mãozinha para cima, não chega lá. Então a gente tem que botar esse leitor de crachá mais baixo.

P: Isso foi feito?

R: Foi feito. Mexer na altura — ele não alcançava na pia, no banheiro. Então nós fizemos um banquinho, uma escadinha de dois degraus, que ficava em baixo *[da bancada]*. Ele chegava e puxava aquilo ali, subia e podia lavar as mãos. Essas coisas a gente aprendeu com ele aqui dentro. E até conversamos com ele: "Ô

Bruno, você vai ter que nos desculpar e nos ensinar, porque a gente pensa em algumas coisas e outras a gente não pensa." Claro que quando ele chegou a gente sabia: "Bom, ele vai alcançar o teclado para trabalhar no computador, o fone de ouvido, isso tudo não é problema."

Mas a gente não tinha pensado no banheiro, a gente não tinha pensado no elevador. Então essas coisas todas foram feitas, nós começamos a fazer rampa de acesso para cadeirante em toda a rede de agências. A gente descobriu que tinha três ou quatro agências que tinham rampa de acesso — o resto não tinha, aqui na Paulista não tinha rampa de acesso, tinha um pequeno degrau e quem caminha normalmente nem vê o degrau , passa automaticamente. A pessoa chega numa cadeira de rodas e não pode subir a cadeira, um degrau é suficiente para impedir. Então fizemos rampa de acesso em todas as agências do banco. Mas a gente aprendeu depois de ter o cadeirante, depois de ter o anão. Então era um processo de aprendizagem. A gente colocava na reunião: "Olha, a gente está aprendendo, a gente está cheio de boas intenções, mas precisamos aprender. Confessamos a nossa ignorância, mas precisamos da ajuda de vocês." E aprendemos muito com eles.

P: Você teria outras histórias como essa do Bruno e outras minorias?

R: Nós contratamos a moça que aparece no relatório aqui *[mostra o documento]* que é muçulmana. Ela foi contratada para trabalhar na biblioteca, que é muito utilizada. Hoje em dia a gente tem até mais *[movimento]*, mas quando eu saí eram 1600 requisições por mês, gente que pedia para retirar um livro, e então a gente contratou ela e ela está na parte de atendimento. O pessoal chega na biblioteca e diz: "Estou procurando isso" — e aí ela chama a atenção, porque usa aquele pano na cabeça. Ela dizia justamente que era uma oportunidade de divulgar a própria religião. As pessoas falavam: "Mas escuta, por que você usa isso na cabeça?" E ela explicava o significado disso. Usava o tempo todo.

P: Uma brasileira?

R: É uma brasileira. Então isso tudo ia dando a mensagem de que a gente quer pessoas diferentes. Mas a gente foi aprendendo como lidar com isso e as implicações físicas. O elevador, a rampa de acesso.

Dentro da diversidade, nós resolvemos apoiar uma associação de cadeirantes que estava querendo montar uma escola para cadeirantes, para ensinar a trabalhar com computador. Então a ideia era ter lá os computadores, os professores vinham e o cadeirante vinha aprender a trabalhar com Excel , Word, e, com isso, ele ficava capacitado para o mercado. Trabalhar no Banco Real ou trabalhar no Bradesco ou Itaú, Pão de Açúcar. Não tem nenhum vínculo com emprego no banco. A gente qualifica para o mercado.

Claro que o cara se apresenta como candidato no banco e se puder vai admitir, mas o cara está livre para fazer o que quiser. Um aspecto em que a gente sempre insistia: o banco não quer passar um cheque. A entidade nos procura e pede dinheiro, porque a entidade pensa: onde tem dinheiro? No banco, vamos lá pedir dinheiro. Então eles pensavam: eu quero 100 mil reais para comprar computadores. A gente dizia: eu te dou 100 mil reais, mas eu não quero só te dar o dinheiro, eu quero participar da administração da escola, de alguma forma. Eu quero que o meu pessoal de auditoria vá lá e ensine o seu pessoal a fazer contabilidade certinha. Eu não quero dar 100 mil reais e um dia descobrir que vocês estão fechados porque não estão contribuindo para o INPS.

Então, quero que alguém do banco vá lá: "Vocês têm alguém que faça a contabilidade? Quem sabe alguém do banco faz a contabilidade para vocês?" Quero participar do processo para assegurar que a coisa ande, que não é só o dinheiro, é para aprender, porque aí o meu pessoal que está envolvido com isso vai aprender: "Olha, essas são as questões importantes, esses são os tipos de problema que eles têm de enfrentar". Eles resolvem e, então, é um aprendizado mútuo. E isso funciona até hoje, está funcionando bem.

Mas com essa preocupação, do nosso lado, de que não é só passar um cheque. O Fabio tem uma expressão muito forte de que esse negócio de ter uma organização que na prática, do dia-a-dia, destrói a sociedade, mas passa um cheque no fim do ano para se livrar da culpa, já tem organização que faz isso: é a gangue das drogas. Os caras distribuem brinquedos nas favelas para as crianças, mas no dia-a-dia eles destroem a sociedade com a droga. Eu não quero ser comparado a um traficante de droga. Nós não queremos fazer isso.

Nosso negócio é contribuir efetivamente para a sociedade, mas contribuindo com o conhecimento que a gente tem. A nossa força de trabalho, as pessoas que sabem como gerenciar um projeto podem ajudar as entidades a gerenciar o projeto. Isso nós colocamos na reunião com aquelas entidades negras. "O que nós temos a oferecer para vocês é o que o banco tem de conhecimento. Quem sabe a gente pode ensinar a vocês a administrar as finanças de vocês melhor? Vocês nos ensinam a recrutar negros e nós ensinamos a administrar a entidade de vocês melhor. É nisso que a gente pode contribuir. È um negócio em mão dupla. Nós temos cursos que a gente faz na academia no banco de treinamento, temos cursos de inglês para os funcionários. De repente nós oferecemos para vocês fazerem cursos de graça de inglês. A gente tem curso de computador. Vocês podem aprender como lidar com computador."

P: E qual foi a receptividade?

R., "Ah, isso aí eu quero ver! Vamos explorar isso mais, vamos discutir, vamos fazer uma reunião específica para ver que tipo de curso que a gente pode fazer, pode participar e tal." Isso houve um interesse grande. Nós abrimos os cursos da academia para o público em geral, mas não abrimos de forma total, porque senão no outro dia tem uma fila no quarteirão.

Vamos começar assim: Quem é parente de funcionário pode vir. Quem é membro dessas entidades, a gente organiza uma coisa específica para eles. Num sábado ou durante quatro sábados o pessoal das entidades negras vai lá e vai assistir ao curso. Alguma coisa desse tipo, focado, porque daqui a pouco a gente não vai ter espaço para os próprios funcionários, porque vai estar lotado para o público em geral. Aí entra a nossa discussão: qual é o limite? Se eu abrir totalmente, não consigo mais administrar.

Nossa prioridade continua sendo os próprios funcionários. Treinamento e desenvolvimento para os próprios funcionários, e uma forma é, "OK, parente de funcionário". Tem que se inscrever previamente, não pode bater na porta e falar "vim fazer o curso de inglês". Faz uma cartinha: "Eu quero fazer tal curso"; dá o nome e o do funcionário que é parente e OK. Está se fazendo uma lista. Quando chega a vinte pessoas em cada turma, abre outra turma e bota em lista de espera, porque a outra turma vai ser mês que vem. Precisava fazer uma parceria sempre com as ONGs para aprender como se faz.

Eu senti pena de deixar essa parte, porque em janeiro de 2003 eu fui para a Holanda de novo. Agora, na Holanda, estou fazendo desenvolvimento de lideranças. Trabalho com os 250 executivos mais altos do banco, mundialmente falando. É assim, é a diretoria mundial do banco em Amsterdã e a diretoria do banco no

Brasil, quer dizer o Fabio, a diretoria do banco nos EUA, o que é o presidente lá, e assim por diante. O que a gente pode fazer para desenvolver essas pessoas como líderes, o que, na prática quer dizer assim: desenvolver como pessoas. Tem que desenvolver a pessoa total, não existe esse negócio de dividir o cara. Não dá para pegar o pedaço que trabalha no banco e outro pedaço que não trabalha no banco.

P: Para fechar: hoje você vive na Holanda, e pode dizer toda essa mudança, todo esse processo que o Real atravessa de certa forma bate lá em Amsterdã?

R: Bate. Por um lado, eles têm dificuldade de entender. Elas dizem assim: "Mas por que as pessoas precisam se envolver nisso tudo?" O que a gente diz é: o Brasil é um país em construção. A Holanda é um país que começou a ser construído muito antes, tem séculos a mais de história, e tem uma sociedade que cuida de muitas dessas questões que no Brasil agora que estão aflorando.

A Holanda é tão voltada para essas coisas sociais e éticas, do meio ambiente, que algumas entidades internacionais têm sede na Holanda e não é por acaso. Tem um ambiente favorável para isso. Não é à toa que a Corte Internacional tem sede em Haia. Que o Greenpeace, expulso da Inglaterra, tem sede na Holanda. A Anistia Internacional tem escritório muito ativo na Holanda e para toda a Europa.

Essas questões de assistência social: você vê muito deficiente físico na rua, nos museus, em toda parte. Mas depois a gente se dá conta: é que no Brasil esse pessoal está todo escondido. Eles estão fechados em casas, em apartamentos. As famílias têm vergonha de sair com eles na rua, eles têm vergonha de sair. Na Holanda não, eles têm uma tolerância, uma receptividade para a diversidade em todos os sentidos.

Você vê muitos casais mistos assim, ela totalmente negra e ele totalmente loiro, e eles não chamam atenção na rua. Chamam atenção do turista, do brasileiro, "pô, isso não é comum". Lá é comum.

Então, o que a gente está querendo fazer aqui, eles dizem que para eles não é um problema. Não é mais um problema na Holanda, ou é menor. Não vou dizer que não existe discriminação na Holanda .Existe, mas ela é menor, mais sutil, ela não é tão evidente como é no Brasil. Ela não chega a prejudicar as pessoas no sentido de conseguir um emprego ou de funcionar na sociedade.

Então elas conseguem um emprego e conseguem funcionar na sociedade, não chamam a atenção, aqui é muito mais forte.

Por outro lado, os jovens na Holanda querem fazer mais pela sociedade em geral. Então eles chegam no banco... Teve um rapaz que chegou no banco e disse: "Eu saí da faculdade e achei que ia mudar o mundo. Continuo achando que eu quero mudar o mundo. E cheguei à conclusão de que, se eu quero mudar o mundo, o melhor lugar para fazer isso é trabalhar num banco. Porque um banco tem mais impacto na sociedade como um todo do que qualquer indústria, porque ele financia todas as outras indústrias, então por isso que eu entrei no banco."

Eu caí duro para trás, porque o cara trabalha no banco de investimento, e normalmente esse pessoal de banco de investimento é muito voltado para o negócio, para a transação. São poucos os que têm mais essa consciência social, isso você encontra mais no varejo. Então, tem uma geração nova que está querendo esse tipo de coisa. E lá no banco o pessoal é mais conservador: "Mas pera aí, isso aí não é função do banco." "Mas eu ouvi falar que o ABN AMRO no Brasil está fazendo isso, então por que ele não pode fazer aqui?" Tem acontecido isso.

Então agora que eu estou lá, eu divulgo muito isso. Então o pessoal já tem a noção de que o ABN AMRO no Brasil tem uma vanguarda de responsabilidade social. E o que se está discutindo agora lá é: como a gente consegue emular a mesma coisa que está sendo feita no Brasil, como fazer a mesma coisa na Holanda e em outros lugares do mundo? A gente, ontem, estava discutindo aqui neste evento. É um evento de pessoas de Recursos Humanos do mundo inteiro que estão reunidas no Brasil para discutir a cultura do ABN AMRO. E estão se reunindo no Brasil porque, de tanto ouvir o Fernando Lanzer falar da cultura do banco, vão fazer esse troço lá. Hoje de manhã estão visitando agências para ver como é a agência do ABN AMRO no Brasil. Como é esse negócio de ter o modelo de satisfação de cliente pendurado em cada agência. Então, está se fazendo alguma coisa lá. Sabendo que lá é diferente, então não vai ser a mesma coisa.

P: Diversidade.

R: Mas, por exemplo: com muito orgulho, eu organizei um concerto de música de uma escola de música de uma comunidade pobre de Amsterdã. Também tem pobre em Amsterdã... A diferença é que o pobre mora em apartamento de quarto e sala, mas é pobre em comparação com o padrão geral. Não tem favela, mas tem pobreza.

Essas crianças trabalham, estudam numa escola pública e o pessoal queria proporcionar a elas um concerto ao vivo para uma plateia. E eu estava querendo fazer alguma coisa que aproximasse os funcionários da sede da comunidade. Então, explorando o que eles podiam fazer tal e coisa, lá pelas tantas essa escola bateu num departamento do banco querendo fazer um concerto.

"O Fernando Lanzer está querendo organizar alguma coisa na matriz, vamos lá, vamos lá com o Lanzer." Eu digo: "Genial, vamos fazer um concerto aqui no andar térreo do banco, que nem o Banco Real na Paulista. Vamos fazer na sede do Banco." E nós fizemos.

A Cristel, que está trabalhando com a Malu e que trabalhou comigo lá, a gente organizou um grupo de voluntários que se chama de unidade de mudança e que está querendo reproduzir o que fizemos aqui. Com voluntários, As questões são diferentes, mas, enfim, trabalho voluntário. "Tem essa proposta de fazer esse concerto com as crianças e nós não temos gente para organizar isso; quero voluntários, para ajudar a organizar isso." Se apresentaram nove pessoas, formaram um comitê e saíram para fazer as coisas. Depois de uma semana, voltam para mim e dizem: "Lanzer, temos um problema. O pessoal da administração do prédio diz que precisa da autorização do *Board* do banco, porque o espaço do banco é destinado aos clientes e não a eventos internos, então nós não podemos fazer isso".

Eu digo que isso é besteira, mas não tem problema. Falei com o membro do *Board* que é responsável pela administração do patrimônio: "Me disseram que você precisa aprovar isso". Ele disse: "Que eu saiba, acho que não, mas conte com meu apoio. Muito bem, mas acho que não deviam estar me perguntando."

Vou falar com o diretor de patrimônio. Liguei para o diretor e ele disse: "Mas quem foi que disse isso? Mas é claro que pode. Isso é ridículo, quero saber quem falou isso para você." "Eu não quero dedar ninguém, vamos deixar por isso mesmo. Eu acho que você até pode imaginar quem pode ter sido."

Fizemos. Foi um sucesso. Teve 250 pessoas. O pessoal fez um concerto com as crianças e fez um coral improvisado com os funcionários, na véspera, para cantar junto com as crianças. Então teve momento em que teve quarenta crianças cantando e vinte funcionários cantando junto com elas. Dois pianos acompanhando as crianças. O pessoal achou uma maravilha.

Foi um sucesso tão grande que eles falaram: "Podemos fazer de novo?" Falei: "Podem..." "Podemos fazer na Páscoa, porque este foi feito uma semana antes do Natal. Só que vamos precisar que você consiga a autorização de novo do *Board*." "Tá bom, deixa comigo."

Não vai precisar mais a autorização do *Board*. Isso começa a mudar, lá na Holanda, as pessoas do banco e a cultura. As pessoas do banco falam isso: "Que maravilha ver as crianças aqui dentro do banco!"

Porque o prédio do banco é um prédio moderno, ele foi todo desenhado para ser muito profissional, é uma beleza arquitetonicamente falando, mas é um pouco "monstrumento".

O maior exemplo é Brasília, é uma cidade bonita, mas não é humana. O ser humano parece que está fora de lugar caminhando nas esplanadas. O prédio do banco sofre do mesmo mal: foi desenhado para ser profissional demais. Então a gente está querendo injetar mais vida humana nesse negócio.

O pessoal fala muito em equilíbrio entre a vida e o trabalho. Tem que ter um bom equilíbrio entre vida e trabalho. Eu falo: tem que integrar. Que negocio é esse? "Vida e trabalho"... Parece que a sua vida é uma coisa e o trabalho é outra. A sua vida só começa às seis da tarde, quando sai do trabalho, e quando você entra sua vida para. Não é nada disso. Sua vida e seu trabalho são uma coisa só. Seu trabalho faz parte de sua vida. Se você não sente que seu trabalho faz parte da sua vida, você está no lugar errado. Ou você muda seu trabalho, para que ele faça parte da sua vida, ou você tem que mudar de trabalho.

Eu estou tentando fazer esse tipo de transformação lá que é uma coisa que vem daqui. E o pessoal, muitas vezes, me olha com cara meio céptica, dizendo "isso ai é coisa de brasileiro. Esse troço aqui é diferente. Você tem que entender, Lanzer, que aqui na Holanda o negócio é diferente. A cultura é outra."

Eu entendo tudo isso, mas quando falo com os jovens, eles fecham com o que eu estou falando, pô. Então eu estou achando que existe uma mudança cultural acontecendo na Holanda e a gente pode ajudar isso. Em vez de ficar do lado do problema, vamos para o lado da solução. Vamos ver o que a gente pode fazer para integrar essa geração. Até porque se a gente não fizer isso, nós vamos perder os melhores talentos, eles não vão ficar no banco.

Eles estão pedindo um espaço para se realizarem do ponto de vista ético e de valores e até espiritual, e se o banco nega esse espaço, vai perder muita gente boa, porque cada vez mais os jovens querem isso. E você vai ficar com meia dúzia de medíocres que não se preocupam com isso e vão trabalhar num banco que está divorciado disso. Então, aos poucos, a coisa está indo lá. E eu estou me divertindo, por enquanto, até o momento em que acharem que eu incomodo demais e que resolvam me mandar embora.

P: Muito bem. Muitíssimo obrigado.

CHINA

33. Bobagens sobre a China

A China está na moda nos países ditos "Ocidentais". Até parece que, enquanto o mundo se distraia com a última fantasia escapista produzida em Hollywood, de repente, a China acordou. Bem disse Napoleão: "se a China é um gigante adormecido, é melhor que deixem a China Dormir... Pois quando a China acordar, vai estremecer o mundo."

Pois a China acordou e o mundo está tremendo. Ou será que são apenas os americanos que estão tremendo? Talvez seja melhor colocar as coisas em perspectiva e reconhecer que, na verdade, são os jornalistas americanos quem estão tremendo... E eles tremem por dever de ofício: ganham a vida escrevendo sobre o medo e amplificando os medos de seus leitores. Com isso se vendem mais jornais, revistas, aumentam as audiências de todos os meios de comunicação de massa.

A onda sensacionalista sobre a China chegou também ao Brasil e afetou a mídia nacional. Me preocupa, em meio a tudo isso, a quantidade de bobagens que estão publicando e divulgando sobre a China. Quero aqui desmascarar algumas bobagens que andam circulando, para dar minha contribuição modesta à manutenção da sanidade mental geral da Nação.

Robert Fogel, apresentado como prêmio Nobel de Economia de 1993, apresentou uma bela coleção de bobagens em 2010, digna de um jornalista principiante. Não conheço o Sr. Fogel pessoalmente. Provavelmente ele estava num dia infeliz, todos nós estamos sujeitos a isso e eu próprio não sou exceção. Critico apenas as ideias expostas no referido artigo, que precisam ser corrigidas para evitar que os incautos se deixem levar por inverdades. Estimo que o Sr. Fogel pudesse ser uma pessoa muito sábia quando escrevia sobre assuntos não chineses. Imagino que ele mesmo pudesse reconhecer que as ideias do artigo são bobagens e retratar-se. Sou antes de tudo um otimista confesso. Infelizmente o Sr. Fogel faleceu em 2013, sem se retratar. Alguns estudiosos sobre a China denunciaram as bobagens que ele disse, não fui o único. No Brasil, todavia, nossa imprensa pouco informada ser contentou em dar manchete às bobagens, que pareciam mais interessantes do que a realidade.

Mas vamos às ideias em questão, expostas em seu artigo como sendo cinco pontos importantes sobre a China e que poderiam "parecer surpreendentes para alguns," nas suas próprias palavras na revista Época.

Um negócio da China

Fogel afirmou que "O PIB da China será de 123 trilhões de dólares em trinta anos (2040)." Este tipo de afirmação é digno de um jornalista que não saiba fazer cálculos ou não entenda de projeções econômicas. Surpreendente não é o numero; surpreendente é atribuir o esse cálculo a um economista premiado....

Ora, o PIB da China fechou 2009 em 3,4 trilhões de dólares. Para que os 3,4 trilhões crescessem até 123 trilhões, teriam que crescer a uma taxa media de 12% ao ano durante trinta anos, o que é ridículo. Fazer uma projeção dessas é equivalente a ser um comentarista de futebol assistindo a um jogo do Santos contra o Grêmio e observar que, como o Santos fez dois gols em 15 minutos de jogo, a partida vai terminar com o belo escore de 12 a zero para o Santos.... Este tipo de raciocínio (?) linear produz projeções muito burras, pois presumem que as condições prevalentes nos primeiros 15 minutos vão continuar prevalecendo nos 75 minutos seguintes. Da mesma forma, os maus economistas verificam que como a China cresceu, em media, 9% ao ano nos últimos trinta anos, isso significa que vai continuar crescendo 9% ao ano nos próximos trinta anos. Na verdade, devo reconhecer, isso não é uma bobagem: isso é uma grande bobagem.

É bem provável que, à medida que a China atinja um tamanho de PIB mais próximo do tamanho das economias dos EUA e da Europa, por exemplo, a sua taxa de crescimento diminua, por ser calculada sobre uma base progressivamente maior. É mais realista imaginar que a taxa de crescimento decresça lentamente, de tal forma que a China chegue a um PIB maior do que o dos EUA, sim, mas não necessariamente oito vezes maior. A bobagem está no exagero. Talvez o exagero tenha sido cometido pelo desejo de criar impacto. Mas continua sendo bobagem.

Se os EUA crescer a uma taxa de 2% ao ano nos próximos 30 anos, e a China crescer a taxas de 9% mas gradualmente decadentes até ficar a cerca de 3% (o que seria uma taxa de crescimento 50% maior do que a taxa americana, o provável é de que seria menor do que isso), pois bem, mesmo assim, a China alcançará o mesmo volume do PIB projetado para os EUA (cerca de 23 trilhões) apenas em 2050...

Portanto, não sei o que esses economistas e jornalistas andaram fumando quando escreveram sobre a China, mas com certeza era alguma coisa que em muito afetou sua conexão com a realidade!

O segundo ponto destacado por Fogel é o setor rural. Nesse aspecto ele mais uma vez apresentou uma projeção linear, que de tão ingênua parece até ser mal-intencionada: previa que o setor rural iria continuar tendo o mesmo peso na formação do PIB chinês (aquele mesmo PIB mal projetado para 123 tri).

Ora, um dos grandes desafios da China atualmente é o êxodo rural, que infelizmente só tende a aumentar, na medida em que as grandes cidades continuem oferecendo maiores oportunidades de renda, de qualidade de vida e de educação. Que bom seria, para a China e para todo o planeta, se a produção agrícola chinesa continuasse a representar a mesma parcela que hoje representa no seu PIB. Isso, no entanto, não aconteceu em nenhum outro país desenvolvido e não parece provável que a China desenvolvida venha a ser a única exceção.

O terceiro ponto apresentado por Fogel se refere ao fato de que as estatísticas chinesas podem estar erradas, mas não para cima e sim para baixo. Ou seja, o crescimento chinês não está sendo superestimado por interesses políticos, mas pode estar sendo subestimado, por deficiências de metodologia. Este ponto nada trata da matéria econômica no seu mérito, apenas aborda o aspecto técnico da mensuração do PIB. A meu ver, não merece sequer ser analisado, pois não se trata de entender a economia chinesa, mas apenas observa que os números apresentados não são confiáveis. Isso não ilumina muito a questão, pelo contrario. É apenas um argumento sofista.

O quarto ponto é mais relevante. Fogel alertou que o sistema político chinês não é tão centralizado quanto podia parecer a alguns observadores estrangeiros desavisados. Seu ponto era que o Partido Comunista estava mais aberto ao debate, internamente, do que parecia. Nesse aspecto estou plenamente de acordo e já escrevi sobre isso em 2010 (vide "A Democracia na China", no meu livro "Tire os Seus Óculos"). A cultura hierárquica da China não significa que o país inteiro é controlado por apenas meia dúzia de dirigentes partidários sentados em Beijing; o que significa é que existe uma gigantesca hierarquia que permeia toda a sociedade chinesa e mantém o *status quo*. Existem discussões e debates, ao mesmo tempo que existe respeito à autoridade em cada degrau da hierarquia. A economia da China não depende apenas de meia dúzia de pessoas no topo: depende do funcionamento complexo de toda a estrutura social. A China é mais complicada do que parece à primeira vista. Alguns jornalistas passam uma semana em Beijing e saem escrevendo enormes besteiras por aí. Precisamos ter uma visão mais crítica sobre o que se escreve sobre a China e sobre os chineses.

Por último, Fogel disse que o crescimento do mercado de consumo chinês seria o motor do seu crescimento de 2020 em diante. Ainda é cedo para dizer se isso realmente irá acontecer, mas isso não significa, de qualquer maneira, que a China chegaria aos 123 trilhões de PIB em 2040: nem as projeções mais otimistas de outros estudiosos apoiam essa previsão de Fogel.

Paciência chinesa

A China já se tornou uma potencia mundial e vai continuar crescendo, quanto a isso não há dúvida. Todavia, esse crescimento já está diminuindo de velocidade. Hugo Penteado, um economista da linha ecológica da economia, já apontou em 2012 que não existem recursos minerais suficientes no planeta para sustentar o crescimento da China na mesma velocidade verificada de 2000 a 2010. Ou seja, mesmo que não houvessem vários outros fatores contribuindo para desacelerar o crescimento chinês, manter a mesma velocidade seria impossível.

Os chineses são pacientes, eles não têm a pressa característica da Inglaterra e dos Estados Unidos. Um dia, a economia da China será maior do que a economia, mas isso vai levar mais tempo do que economistas como Robert Fogel acreditavam. Segundo minha própria projeção de não-economista, isso não aconteceria antes de 2050. Ouso dizer que vai levar mais tempo ainda, se levarmos em conta os fatores políticos e sociológicos que afetam a situação do mundo.

A China é muito mais do que "a fábrica do mundo," ela é uma cultura complexa e fascinante, um país enorme e diverso, que vale a pena conhecer; e que exige tempo para ser conhecido, também para isso é preciso ter paciência.

Além disso tudo, a China também estará sujeita a mudanças sociais, políticas e econômicas. Será que o Partido Comunista ainda estará no poder em 2030? Será que ele poderá ser substituído por outro movimento político-social? Qual será o impacto disso tudo na economia chinesa e na economia mundial? Não devemos partir da premissa que a China seguirá sendo o que é hoje, nem que os Estados Unidos continuarão sendo como são e nem a Europa. Esses três grandes atores no cenário internacional irão mudar e as mudanças em cada um deverão influenciar os outros dois. É possível fazer previsões e projeções a respeito disso tudo, em que pese a complexidade inerente ao tema; mas devemos ter um pouco mais de pudor antes de sair abrindo manchetes sensacionalistas sobre a China.

CULTURA ORGANIZACIONAL

34. Cultura verdadeira ou anunciada?

Afinal, o que é cultura organizacional? A resposta a essa pergunta depende da cultura de quem responde.

Explico: Nos Estados Unidos tem se propagado a noção de que a cultura de uma organização é o conjunto de valores, princípios e ideais que uma organização declara adotar e respeitar. Esses valores e princípios podem ser vistos nas campanhas de comunicação institucional dessas organizações, feitas para consumo de seus públicos internos e externos. A mensagem propagada é a de que o comportamento das pessoas que integram a organização é regido por essas ideias, que representam ao mesmo tempo aquilo que a organização é e aquilo que ela quer ser, cada vez mais.

Em função disso, como consultor organizacional, por vezes sou procurado por empresários que me pedem "um trabalho de cultura". Durante nossa primeira conversa sobre o tema, fica claro que eles desejam ajuda profissional para articular/formular "valores e princípios que representem aquilo que nós somos" para que isso sirva de referência para o nosso quadro de funcionários e também para nossos fornecedores e clientes.

Tudo isso é muito bonito: o desejo de articular valores inspiradores que norteiem o comportamento das pessoas, sem dúvida é algo louvável. Entretanto, é fundamental que se entenda a distinção entre aquilo que se coloca nos anúncios e nos cartazes dos corredores, de um lado, e aquilo que as pessoas realmente usam como referência para a sua conduta no dia-a-dia do trabalho. Como diz o baiano, uma coisa é uma coisa e outra coisa é outra coisa. Numa organização razoavelmente sadia, essas duas coisas diferentes podem ser bastante parecidas (embora nunca sejam exatamente iguais). Na maioria das empresas, contudo, os valores anunciados são bastante diferentes daquilo que se vê na prática, na rotina diária.

Edgar H. Schein, veterano professor do MIT em Cambridge, fez uma distinção clássica da cultura organizacional em três níveis distintos:

a. O **comportamento** e o desempenho das pessoas, os símbolos, heróis e rituais da organização, aquilo que Schein chamou de *"artefatos"* da cultura

207

organizacional; tudo isso é visível e costuma ser o que primeiro se nota ao visitar a empresa, incluindo a decoração do prédio, a maneira como as pessoas se vestem e o modo como recebem um visitante.

b. Os ***valores anunciados***, articulados e declarados formalmente nas mensagens institucionais oficiais de relações públicas com os públicos externos e internos; isso também é visível nas mensagens de propaganda institucional, nos cartazes dos corredores, na declaração de princípios e valores da empresa.

c. Os **valores subjacentes**, que Schein chamou de "***pressupostos***"; estes não são visíveis ao observador menos avisado, mas são os **verdadeiros determinantes da cultura organizacional real**, das práticas gerenciais e de comunicação, do comportamento e do desempenho das pessoas.

Quando fazemos um "trabalho de cultura" visando o nível "b" acima, para articular os valores institucionais, estamos fazendo um trabalho de propaganda e relações públicas. Isso é muito importante, mas é preciso entender que isso, apenas, não é o suficiente para orientar o comportamento das pessoas. Isso faz parte do processo, mas é necessário fazer muito mais, pois o que tem maior influência sobre a conduta e o desempenho é aquilo que está no nível "c", mais abaixo, e que é menos visível: os pressupostos e valores subjacentes. São esses os verdadeiros valores da cultura organizacional e não aquelas frases inspiradoras penduradas na parede.

Portanto, é importante perguntar, antes de mais nada, **qual é a finalidade** do "trabalho de cultura" que se pretende realizar. Se a finalidade é gerar um belo programa de comunicação institucional, para incrementar a imagem e a reputação interna e externa, então o trabalho pode focar a formulação dos valores declarados e terminar por aí, maravilha.

Todavia, se o que se quer é orientar o comportamento dos funcionários, criar uma verdadeira cultura organizacional que espelhe uma realidade desejada, então será preciso ir além da articulação de valores declarados; será preciso trabalhar com os valores subjacentes e para isso se fará necessário realizar *workshops,* fazer *coaching* com as lideranças e revisar todas as políticas da empresa, criando uma nova realidade, mais coerente com aquilo que estiver anunciado nos cartazes.

Em muitos casos, inclusive, a estratégia mais indicada será a de trabalhar **em primeiro lugar os valores subjacentes**, para somente depois disso discutir a formulação de valores declarados e anunciados.

Diante dessa distinção de três níveis da cultura organizacional, podemos então adotar como definição que a cultura é o conjunto de normas **escritas e não escritas** que dão a um grupo de pessoas (equipe, organização, país) o sentido daquilo que é considerado certo ou errado, aceitável ou inaceitável.

Numa organização, os funcionários mais simples dizem apenas que cultura "é o jeito como a gente trabalha, aqui nessa empresa". Numa entrevista para um jornal ou televisão, esses funcionários provavelmente escolherão as palavras ao falar da empresa, procurando dizer coisas que não conflitem com os valores declarados pela empresa. Numa conversa informal, com parentes ou amigos, os mesmos funcionários dirão o que realmente pensam e descreverão o que realmente acontece no dia-a-dia do seu trabalho. Isso poderá ser muito diferente daquilo que falaram para os jornalistas no dia anterior.

O Prof. Geert Hofstede, da Universidade de Limburg em Maastricht, é o pioneiro e maior autoridade no aspecto menos visível das culturas. Ele identificou, em pesquisas internacionais, cinco dimensões de valores subjacentes, não escritos, que realmente definem o comportamento das pessoas. A primeira dimensão é a Distância de poder (DIP), o grau em que as pessoas aceitam que o poder seja distribuído de maneira desigual na organização. Quando o score é alto, se diz que a organização é hierárquica, tem alta DIP. Se o score é baixo, se diz que a empresa é igualitária. As outras dimensões dizem respeito ao grau de individualismo (IDV), orientação para desempenho (DES), controle da incerteza (CDI) e orientação de longo prazo (OLP).

Vejamos dois exemplos em relação a DIP. A empresa USACO é igualitária, tem um score de 40 numa escala de 1 a 100. Já a MERPOSA tem um escore de 71, é uma organização hierárquica.

Na USACO as pessoas são selecionadas em entrevistas curtas, onde precisam demonstrar confiança na própria capacidade e uma atitude positiva. No trabalho, os funcionários que dizem o que pensam, doa a quem doer, são elogiados e promovidos rapidamente. Aqueles que demonstram ambição recebem incentivos e treinamento para avançarem na carreira, muitas vezes para funções diferentes no mesmo nível. A hierarquia não tem muitos degraus; do presidente da empresa ao funcionário mais simples existem apenas 7 níveis. A remuneração é baseada no desempenho e este é avaliado em termos de resultados. Alguns funcionários recebem bônus por desempenho, que podem ser equivalentes a 12 salários mensais; todavia, a maioria dos funcionários não recebe bônus, apenas aqueles que realmente se destacam por seu desempenho individual.

A USACO tem sua dose de problemas: muitos funcionários ficam estressados, ficam doentes e deixam a empresa; a rotatividade é de cerca de 25% ao ano. A competição interna é grande, o que é motivo de queixas. Existe pouca cooperação entre departamentos e filiais diferentes. Os conflitos internos são frequentes.

Na MERPOSA os candidatos a emprego são admitidos em função de recomendações de funcionários. Os relacionamentos são o fator mais importante para progredir na carreira: pesam tanto quanto a antiguidade e a fidelidade à organização. A rotatividade é baixa, inferior a 10%. Os conflitos são evitados, para manter o clima de harmonia. As pessoas elogiam o clima de coleguismo e camaradagem. O progresso na carreira é relativamente lento, mas é seguro. Não existe sistema de bônus, mas os salários são bons e os benefícios também.

As queixas na MERPOSA geralmente partem de funcionários mais jovens, que gostariam de ter uma carreira mais rápida e verem seu desempenho recompensado. Esses, quando não se adaptam à cultura, acabam deixando a organização antes de completar três anos de trabalho.

Veja que tanto a USACO como a MERPOSA podem ser bem sucedidas, ou podem também fracassar. O sucesso não depende apenas da cultura, depende também da estratégia de negócios e da coerência entre a estratégia e a cultura. As pessoas têm também suas preferencias: alguns adoram trabalhar na MERPOSA depois de terem pedido demissão da USACO. Outros fizeram o caminho inverso. Esqueça o cartaz na parede. Qual é a cultura verdadeira da empresa? Os seus valores pessoais combinam bem com essa cultura verdadeira?

35.   Cultura Organizacional: Tirando Dúvidas

Maria Amélia Vargas, do jornal Zero Hora, de Porto Alegre, fez as perguntas abaixo e Fernando Lanzer respondeu como segue:

1)   O que é cultura organizacional e como ela se forma?

A cultura organizacional é o conjunto de valores e normas escritas e não escritas que determinam aquilo que é considerado certo ou errado, aceitável ou inaceitável, regendo o comportamento dos integrantes de uma organização. É muito importante fazer uma distinção entre cultura verdadeira e cultura anunciada: a cultura anunciada é o aquilo que a organização anuncia oficialmente aos seus públicos internos e externos, por exemplo, seus valores corporativos, os discursos do presidente, os anúncios na mídia; a cultura verdadeira diz respeito a valores que são menos visíveis, mas que todos na organização sabem, como por exemplo, só é promovido quem nunca discute com seu chefe, os erros devem ser ocultados para evitar que quem errou seja demitido, usar o produto de um concorrente é considerado um ato equivalente a alta traição, etc. O que realmente determina o comportamento e o desempenho das pessoas é a cultura verdadeira, não os valores anunciados no relatório dos acionistas.

A cultura organizacional se forma principalmente em função do comportamento dos seus líderes, daquilo que eles realmente fazem, muito mais do que em função daquilo que eles dizem oficialmente. Por exemplo, uma empresa pode anunciar aos jornalistas que valoriza a honestidade, o bem-estar das pessoas e a preservação do meio ambiente; todavia, os funcionários sabem que o presidente fuma compulsivamente e que o faz no seu gabinete e durante as reuniões das quais participa, embora exista uma norma proibindo fumar no prédio-sede da organização. Essa atitude desse presidente hipotético gera um parâmetro de que as normas escritas não se aplicam a todos os casos, a sua aplicação depende do poder e da autoridade de quem estiver envolvido; e que o discurso ecológico não precisa ser refletido na conduta do líder principal. Se, numa outra organização, o presidente não fuma e deixa claro que ele considera os fumantes como sendo pessoas sem força de vontade que prejudicam sua própria saúde e a dos que os cercam, nem é preciso haver uma norma escrita contra o fumo...

Todo mundo sabe que ser fumante não ajuda a carreira de ninguém nessa organização.

O ponto principal é que a cultura verdadeira é formada por aquilo que os líderes fazem e é observado pelos demais integrantes.

2) Com a globalização, os estilos organizacionais pelo mundo estão se aproximando?

Nos aspectos mais superficiais da cultura, os estilos estão se aproximando. As pessoas se vestem de maneira parecida, se cumprimentam de maneira parecida, usam "palavras da moda" semelhantes em diferentes organizações e países. Todavia, os valores básicos da cultura, em termos de igualdade ou hierarquia, valorização do indivíduo ou valorização da equipe, foco no desempenho versus foco na qualidade de vida, etc., esses valores básicos continuam muito diferentes e tendem a se manter diferenciados, até por uma reação inconsciente contra a globalização.

As empresas brasileiras, cercadas por empresas internacionais, tendem a exacerbar seus estilos tipicamente brasileiros; as empresas americanas, ameaçadas por japoneses e alemães, intensificam seus estilos americanos; e assim por diante.

3) Quais são as variáveis que interferem nesses modelos?

Existem as chamadas "dimensões de valores culturais", que representam cinco dilemas básicos que toda a organização acaba enfrentando e resolvendo, cada uma à sua maneira, mesmo sem saber. Esses dilemas são: é mais importante o respeito à hierarquia ou a igualdade entre todos? É mais importante a independência e responsabilidade individuais ou é mais importante manter a harmonia do grupo ao qual pertencemos? É mais importante o desempenho ou a qualidade de vida? É mais importante controlar a incerteza ou aceita-la como um fato inevitável? É mais importante aplicar as normas sem exceção, de forma universal, olhando para o curto prazo, ou é mais importante ser flexível, considerar que cada caso é um caso, levando em conta as implicações no longo prazo?

Esses dilemas não decorrem de uma teoria concebida a portas fechadas; eles foram identificados através de anos de análises fatoriais e estudos estatísticos, que tiveram como pioneiros o Prof. Geert Hofstede, holandês, o professor Michael Harris Bond, da Inglaterra, e o professor Michael Minkov, da

Bulgária, além de centenas de outros pesquisadores que continuam aprofundando o tema até hoje. Eu traduzi essas dimensões, respectivamente, como Distância de Poder, Individualismo, Orientação para o Desempenho, Controle da Incerteza e Orientação de Longo Prazo.

Essas cinco dimensões culturais interagem entre si no mundo real e definem seis estilos básicos de cultura organizacional, que são:

Competição: o desempenho é valorizado, junto com a confrontação e a gestão de conflitos; o indivíduo é mais importante do que o grupo, logo o desempenho individual é muito valorizado, destacado e recompensado. O controle da incerteza não é tão importante, mas a aplicação universal de normas, parâmetros e medida é. O foco é dado nos resultados mensuráveis de curto prazo. O conceito básico subjacente é o de que a vida é uma competição permanente, na qual há vencedores e perdedores.Esse estilo é muito encontrado nas culturas anglo saxônicas, como os EUA, Inglaterra, Canadá, Austrália e Nova Zelândia; é um estilo meritocrático, admirado em outras partes do mundo, como o Brasil, sendo adotando, por exemplo, na AMBEV. A admiração da meritocracia fora das culturas anglo-saxônicas ocorre mais na teoria do que na prática. Esse estilo está nos best-sellers de gestão, mas o que se verifica de fato é a prática de outros estilos, diferentes daquilo que os livros prescrevem.

Engrenagem: o mais importante é a ordem, a organização do trabalho em termos de planos, estruturas e processos. O desempenho é valorizado e os especialistas e peritos também, como responsáveis por planejar as estruturas que permitirão melhor desempenho à organização como um todo. O estilo é muito encontrado nas culturas germânicas, como Alemanha, Áustria, Suíça e República Tcheca, bem como nas filiais de organizações oriundas dessa cultura.

Rede: a igualdade entre todos é tão valorizada que pode até parecer falta de respeito à hierarquia; a liberdade individual também é muito valorizada e existem frequentes conflitos decorrentes da expressão veemente de opiniões divergentes. Entretanto, o que mais diferencia esse estilo dos demais mencionados anteriormente é o fato de que a qualidade de vida é considerada mais importante do que o desempenho. Na vida, o importante não é vencer, mas sim manter-se no mesmo patamar dos demais, cada um trabalhando apenas o suficiente para poder gozar a vida. Ser ouvido é mais importante do que a conclusão de uma discussão. Esse estilo é visto com frequência nas organizações escandinavas e holandesas.

Pirâmide: A característica principal desse estilo é a valorização da hierarquia. O chefe é temido por sua equipe, da presidência até um chefe de turma no chão de fábrica. Os conflitos são evitados e o desempenho fica num plano secundário diante da manutenção de uma boa qualidade de vida. Os grupos são mais importantes do que os indivíduos, de modo que os relacionamentos pesam mais do que a execução de tarefas e a lealdade aos grupos é mais valorizada do que a responsabilidade individual. Procura-se evitar a incerteza, mas isso ocorre através da superstição e da religião (pensamento mágico) mais do que pelo planejamento e estruturação de processos. As regras não são universais, dependem da hierarquia e dos relacionamentos. Essa cultura é típica das organizações brasileiras e é um tipo visto amiúde na América Latina e na África.

Família: Esse estilo é muito similar ao estilo Pirâmide; se diferencia daquele por haver peso maior ainda para a organização informal, comparado com a organização formal. É típico das organizações asiáticas, exceto as do Japão, que costumam ter um formalismo ritualístico muito mais pronunciado.

Sistema Solar: Estilo no qual existe respeito à hierarquia, mas também valorização do indivíduo, gerando um constante conflito entre hierarquia e manutenção de independência. Existe um chefe maior (o "sol" do sistema, em torno do qual giram os planetas, mas cada planeta tem também seus próprios satélites). É uma cultura de complexos jogos de poder, onde o desempenho acaba ficando em segundo plano diante desses jogos. O estilo é encontrado com frequência nas organizações francesas, italianas e espanholas.

4) Quanto a cultura organizacional afeta o desempenho dos profissionais?

Muito, em termos de estilo de gestão, pois a cultura define o padrão de comportamento esperado de gestores e subordinados. "Um bom funcionário" numa cultura de Competição é alguém voltado para a excelência individual, focado nos resultados e sem medo de confrontar colegas e mesmo superiores hierárquicos, desde que em nome de resultados melhores. Já numa cultura de estilo Pirâmide, o bom funcionário deve respeitar a hierarquia, ter facilidade de relacionamento e colocar a lealdade acima de tudo. A cultura Pirâmide rejeita os indivíduos que confrontam colegas e superiores, pois essa confrontação é vista como falta de respeito e/ou falta de lealdade. Cada cultura valoriza determinados comportamentos e quem desvia dos valores da cultura tende a ser marginalizado, isolado e eventualmente expulso, se a pessoa não tomar a iniciativa de sair dessa organização e buscar uma outra mais consistente com seu estilo pessoal.

5)   Há um modelo organizacional ideal?

Na verdade, todos os estilos podem dar certo. Os livros que advogam um estilo como sendo superior aos demais são os livros produzidos numa certa cultura. Cada cultura considera que os seus valores são os corretos e todos os outros estão errados. É mais ou menos como a religião: cada religião considera que o "seu Deus" é o verdadeiro e os Deuses das outras religiões estão errados, são falsos. Existe uma religião ideal? Não creio, mas cada um acha que a sua religião é a ideal.

6)   É possível mudar ou renovar crenças, valores e atitudes que as pessoas consolidam ao longo de muitos anos? Para isso, é necessário mudar as pessoas ou mudar de pessoas?

É muito mais fácil mudar de pessoas. Para mudar a cultura de uma organização, é mais fácil e mais rápido demitir todo mundo e contratar gente nova, de acordo com um perfil desejado, consistente com a cultura desejada. Na prática isso é difícil de realizar, pois implicaria em parar a organização por um ano, enquanto se troca todo mundo. É como trocar o pneu de um carro com o carro andando. Entretanto, é possível fazer algo parecido, quando se faz uma mudança física de uma localização para outra muito distante. Estive envolvido em dois processos deste tipo: quando o Banco Iochpe mudou de Porto Alegre para São Paulo, nos anos oitenta, as circunstâncias obrigavam a organização a demitir centenas de pessoas na cidade de origem e admitir centenas de outras na cidade de destino. Isso gerou uma oportunidade rara, de formar uma nova cultura organizacional no novo local. Anos depois o mesmo ocorreu quando o ABN AMRO mudou do Rio para São Paulo. Mais uma vez, a mudança física possibilitou que se fizesse uma mudança de cultura dramática em poucos meses. Sem essas mudanças físicas, as mudanças de cultura costumam levar de três a cinco anos, no mínimo.

7)   Que tipos de mudanças de comportamento são possíveis de se realizar em uma companhia?

Tudo é possível, desde que se mude o comportamento (ou se troquem as pessoas) na cúpula da organização. Principalmente no Brasil, onde as pessoas em geral possuem um respeito muito grande à hierarquia, muito mais do que nos EUA ou no norte da Europa, por exemplo, se você mudar o comportamento da diretoria, muda a cultura (e o comportamento) de toda a organização. A AMBEV é um exemplo disso: a cultura da organização, em 2004, já era muito diferente da cultura da Brahma em 1994. A cúpula da organização era toda diferente e com isso foi mudando a organização como um todo.

8)   Para acompanhar o mundo em transformações aceleradas, as empresas vivem constantes mudanças de planejamento estratégico. Isso traz impactos à cultura organizacional. Que ações seriam possíveis para alinhar a cultura com as decisões estratégicas?

Talvez seja importante perguntar se o alinhamento começa pela estratégia ou pela cultura. O fundamental é que haja alinhamento, pois sem alinhamento a estratégia fracassa e a cultura sobrevive, até que a falta de alinhamento leva a organização à falência. Para mudar a cultura é preciso identificar se existem aspectos da cultura que sejam consistentes com a estratégia: esses devem ser valorizados. Os aspectos conflitantes precisam ser eliminados. A receita é simples: é preciso descrever a cultura desejada, consistente com a estratégia, e comunicar essa cultura desejada de forma clara. O mais importante vem a seguir: não basta apenas comunicar o que se quer. É preciso engajar as pessoas em diálogo, para que elas adotem os valores desejados por escolha e não por medo. Para que isso aconteça, os líderes devem liderar pelo exemplo, pois as pessoas seguem os exemplos e não os discursos. Ao mesmo tempo, é preciso revisar as políticas da organização, tornando-as consistentes com a cultura desejada e com a estratégia que se quer implantar. Tudo isso precisa acontecer simultaneamente, de forma coordenada, o que não é nada fácil. Por isso o processo é demorado e muitas vezes fracassa.

9)Que ações podem ser feitas para manter um alto nível de motivação e evitar desapontamentos em meio a um

processo intencional de mudança organizacional?

O diálogo e a comunicação multilateral são coisas essenciais. Sem diálogo autêntico não há mudança verdadeira e duradoura. Pode se conseguir uma mudança temporária, superficial, que logo dará lugar a um retrocesso. Nesse diálogo autêntico, os líderes da organização precisam estar dispostos a ouvir e entender os argumentos e os medos, considerar as emoções e os valores divergentes dos seus liderados. Geralmente isso acontece através de reuniões, seminários, conversas de coaching, sessões plenárias do tipo "town hall meetings". Através desses diálogos as pessoas poderão compreender as vantagens da cultura proposta, a sua viabilidade, e com isso sentir maior segurança para se permitirem o engajamento no futuro. O desafio dos líderes é "re-recrutar" as pessoas, como se uma nova organização estivesse sendo constituída e buscasse admitir funcionários no mercado de trabalho. Você não pode obrigar ninguém a ir trabalhar na sua empresa. Se você fizer uma oferta de trabalho atraente (não só de salário e benefícios, mas de perspectivas de um negócio bem feito e oportunidades futuras) e as pessoas olharem nos seus olhos e perceberem integridade, você terá candidatos brigando para trabalhar na nova organização. O que se busca é criar um ambiente onde os melhores queiram trabalhar.

36. Como mudar a cultura organizacional: a receita

Alguém já deve ter dito que isso não é receita de bolo, mas vou discordar dos que fazem essa afirmação. Existe uma receita para mudar a cultura e vou revela-la em seguida. A receita é fácil; o difícil é a execução da receita. Como em qualquer receita culinária, existem detalhes de execução que podem mudar totalmente o resultado final. E cada cozinheiro/agente de mudança tem um estilo próprio, que fatalmente afeta a execução.

Certa vez, minha mulher ensinou quatro equipes de cozinheiras a fazer moqueca de camarão, simultaneamente, em quatro fogões no mesmo salão. Ao final da aula, o resultado foi quatro moquecas bem diferentes, embora as instruções fossem idênticas... Cada equipe executou a mesma receita ao seu estilo.

A receita é esta:

1. Descreva a cultura desejada
2. Descreva a cultura atual
3. Diagnostique/tire as medidas das diferenças
4. Faça um plano de ação e envolva o máximo de pessoas numa panela grande
5. Aqueça a panela em fogo brando e vá implementando e mexendo o plano aos poucos, até ficar em ponto de calda
6. Acrescente liderança pelo exemplo, com uma pitada de humor e diversão
7. Reforce o comportamento desejado, mas sem engrossar o caldo e sem panos quentes
8. Acompanhe a fermentação e resolva os pepinos e abacaxis rapidamente
9. Enxague e repita

A descrição pode ser feita conforme a sua preferencia. Alguns usam um longo instrumento de diagnóstico quantitativo, mas outros preferem uma abordagem mais simples e qualitativa. Ambas essas abordagens funcionam, mas é importante usar o mesmo instrumento para descrever a cultura desejada, evite usar dois pesos e duas medidas.

De maneira semelhante, as diferenças entre o atual e o desejado podem ser medidas com sofisticados instrumentos estatísticos ou simplesmente com discussões abertas em pequenos grupos, conforme a preferencia dos convivas.

O plano de ação para a mudança planejada deve envolver o máximo de pessoas relevantes para o sucesso do processo. Discuta com a sua equipe de gestão e use o bom senso. Uma empresa de 10.000 empregados não precisa envolver todos, mas deve envolver pelo menos cerca de 500, incluindo as principais lideranças formais e informais, bem como uma amostra que inclua pessoas de diferentes níveis hierárquicos, não apenas o topo da companhia.

Aqueça o grupo e mantenha-o aquecido. O processo deve levar pelo menos dois ou três anos e você não quer aquecer demais para não queimar tudo no início, nem deixar que esfrie. Faça vários seminários e discussões em grupo, dando bastante espaço para ventilar as ideias, expressar críticas apimentadas e levantar uma certa ebulição. O segredo é não deixar que passe do ponto e para isso você precisa de alguém com experiência ajudando na coordenação.

Você pode usar consultores externos, mas por melhores que sejam, a cultura só vai mudar se o processo todo for liderado pelo exemplo dos diretores da organização. A liderança pelo exemplo é o único ingrediente que não pode ser substituído por outra coisa parecida. A pitada de humor e diversão é para evitar que a ebulição chegue ao ponto de transbordar. Se derramar, dá a maior meleca e fica difícil limpar a sujeira sem estragar tudo.

À medida que surgirem os comportamentos desejados, que espelham a nova cultura, reforce-os com açúcar e com afeto. Não é uma questão de liquidez financeira, mas de elogio e reconhecimento, sem errar a mão no tempero.

Não deixe engrossar o caldo. Resolva os conflitos e trate das hortaliças de forma direta, sem rodeios. Lembre que a cultura se forma pela observação do comportamento dos líderes em situações críticas. Você até pode ter um belo plano de comunicação com valores bem articulados e cartazes na parede, mas a cultura desejada somente se desenvolve em função da conduta dos líderes. O marketing interno ajuda, mas é como A-ji-no-moto: destaca o tempero existente, mas não o substitui.

É preciso paciência e persistência. Você deverá repetir muitas vezes as mesmas mensagens até que caia a ficha para muita gente. Serão precisos muitos exemplos de liderança, não apenas meia dúzia. Pouco a pouco o processo irá se consolidar e a partir do terceiro ano, poderá ter vida própria e exigir menos esforço das lideranças. Se a nova cultura for bem feita, as pessoas vão querer cada vez mais e farão elas mesmas a manutenção do processo. Você só vai precisar verificar de vez em quando, à distância. Se começar a cheirar mal, volte a se aproximar e mexer na mistura, para não desandar.

Bom proveito!

37. Como mudar a cultura organizacional: a fórmula

Organizações cuja atividade principal exige conhecimento técnico especializado, como empresas de engenharia, fabricantes de instrumentos de precisão, instituições financeiras, etc. costumam sentir um certo desconforto com o assunto cultura organizacional e especialmente com as questões envolvendo mudança cultural. O argumento é que esses temas não podem ser mensurados, que são muito subjetivos e, portanto, impossíveis de serem administrados. Engenheiros e bancários gostam de tudo aquilo que pode ser traduzido em fórmulas matemáticas.

Pois bem; eis aqui uma fórmula matemática, uma equação que explica a mudança organizacional em geral, aplicável também às mudanças de cultura: $M = V F I > X$.

Onde:

"M" representa a ocorrência da mudança desejada, qualquer que ela seja.

"V", "F" e "I" representam diferentes fatores cujo produto deve ser maior do que X para que a mudança ocorra, a saber:

"V" representa a visibilidade da situação final desejada e seus benefícios e vantagens em relação à situação atual. As pessoas envolvidas na situação de mudança precisam perceber como será a situação depois da mudança. Muitas vezes essas pessoas se opõem à mudança justamente por que não vêem seus benefícios, não por uma questão de discordância, mas porque esses benefícios não foram adequadamente descritos e explicados. A situação futura não é clara o suficiente para que as pessoas possam endossá-la e o desconhecido é visto com desconfiança.

"F" representa a factibilidade dessa situação. Pode ser que a situação futura desejada seja vista com nitidez, porém as pessoas consideram que não é factível tornar essa visão futura uma realidade. Quais são os primeiros passos a serem dados para que se possa chegar lá? Os recursos necessários estarão disponíveis? Se a visão futura parecer um sonho inatingível, as pessoas resistirão à mudança.

"I" representa a insatisfação com a situação atual. Quanto maior for essa insatisfação, maior será a disposição de mudar. Se todos estiverem muito confortáveis com o presente, por que haveriam de querer qualquer mudança?

"X" representa o custo emocional da mudança. Não se trata de custo financeiro, mas sim daquilo que as pessoas terão de gastar em termos de energia e sentimentos para que a mudança dê certo e mais aquilo que as pessoas irão perder por abandonar a situação atual. Quando existe um apego afetivo muito grande em relação à situação atual, a mudança é mais difícil, se não impossível. Se a mudança implica em contrariar valores éticos, isso exige um dispêndio emocional muito alto que por vezes inviabiliza a mudança.

A fórmula pode ser aplicada para avaliar a viabilidade do seu projeto de mudança. Analise cada um dos fatores e atribua um valor numérico a cada um, numa escala percentual. A visibilidade da situação desejada está grande ou pequena atualmente. Se você avaliar que ela está em cerca de 50%, o que poderia ser feito para aumentar essa visibilidade até cerca de 70 ou 80%? É claro que essas avaliações são todas subjetivas, mas os números ajudam a lhes emprestar um pouco mais de objetividade. Numa discussão com a sua equipe de gestão do projeto, por exemplo, se você pedir que cada um atribua um percentual a visibilidade e em seguida vocês buscarem um consenso, essa é uma forma de chegar a um entendimento compartilhado acerca da situação e isso facilita a discussão de ações alternativas de correção do rumo do projeto. Quanto maior for o número de pessoas envolvidas, maior será a validade da avaliação, em termos estatísticos e levando em conta a sabedoria das multidões. Além disso, ao lidar com fatores humanos na gestão de mudanças, a realidade percebida é mais importante do que a realidade existente. Portanto, isso reforça a validade do uso da fórmula.

O mesmo processo pode ser seguido para cada um dos componentes da equação. O resultado será uma gestão mais eficaz do processo de mudança, além de facilitar a comunicação com os interlocutores de profissões técnicas que se sentem mais à vontade com fórmulas e equações.

Todavia, os profissionais das ciências humanas podem considerar que essa fórmula é reducionista, que um fenômeno complexo como a mudança da cultura organizacional jamais deveria ser expresso por uma equação matemática. Em todos os casos, se aplica uma outra equação, ainda mais simples: E = Q x A. Ou seja, a eficácia de uma ideia depende da Qualidade dessa ideia multiplicada pela sua Aceitação. O uso de uma equação matemática pode aumentar o entendimento e a aceitação da mudança pelo pessoal da área de Tecnologia, mas piorar a situação com o pessoal do Departamento Jurídico.

A vida é feita de escolhas. Você terá de escolher qual a melhor abordagem para utilizar com cada público alvo.

38. Cultura e Reuniões de Trabalho

Se você pensa que a reunião de trabalho num escritório é um fenômeno praticamente universal nesse nosso mundo globalizado, está enganado. É verdade que existem reuniões de trabalho em toda a parte, no mundo inteiro. Todavia, a maneira como essas reuniões acontecem é bastante diferente de uma empresa para outra, em função das diferentes culturas organizacionais existentes, dentro de um mesmo país ou em países diferentes (mas dentro da mesma empresa multinacional). Cada empresa e cada país tem sua cultura de reuniões própria.

É importante entender a cultura vigente na sua próxima reunião, para não acabar totalmente perdido. É claro que, se sua próxima reunião será numa empresa e num país que você já conhece e está habituado, você já sabe como é essa cultura de reuniões. Entretanto, se você vai participar pela primeira vez de uma reunião em outra empresa, ou numa filial da sua própria empresa em outro país, é bom se preparar bem. Você pode encontrar comportamentos inesperados, diferentes do que você está acostumado a ver no seu ambiente de trabalho corriqueiro.

Nas empresas que têm uma cultura organizacional do tipo "Competição", as reuniões são voltadas para discutir alternativas de ação. Costumam ser curtas (no máximo uma hora), democráticas (todos participam ativamente), objetivas e voltadas para resultados. Cada um fala com um mínimo de interrupções. O clima predominante é de otimismo, embora ocorram por vezes críticas às ideias apresentadas, mas nunca críticas pessoais. O negativismo é execrado. O chefe da equipe dirige a reunião, mantendo o foco da discussão no trabalho. Dá a palavra a todos, um de cada vez. As pessoas competem para apresentar o melhor desempenho, sugerindo ações, argumentando com dados e fatos. O chefe ouve cada um e decide o que se deve fazer. Distribui tarefas com rapidez, deixando claro quem é responsável por fazer o quê e em que prazo deve apresentar resultados. Ao final, as pessoas se dispersam rapidamente para executar as ações combinadas.

Talvez essa descrição pareça familiar; ela corresponde ao que se lê como sendo "o ideal" na maioria dos livros de gestão.

Ocorre que a cultura de Competição é prevalente nas organizações americanas e 65% dos livros de gestão são escritos e publicados por autores americanos e ingleses, que vivem num ambiente cultural de Competição.

Já nas empresas que têm uma cultura organizacional do tipo "Pirâmide Social", as reuniões seguem um roteiro diferente. Geralmente não começam no horário marcado; começam quando o chefe chega e isso pode ser 15 minutos depois da hora combinada, ou até meia hora depois. A finalidade da reunião não é discutir alternativas de ação (mesmo que isso possa estar escrito na mensagem-convite). A verdadeira finalidade é servir de plataforma para o chefe, para que ele anuncie decisões que já foram tomadas previamente por ele junto com seus assessores ou pessoas de confiança e pedir que todos apoiem essas decisões. Os participantes podem fazer perguntas para esclarecer alguns aspectos, mas jamais uma pergunta que possa deixar o chefe numa situação difícil. O que se espera é que todos expressem sua lealdade e compromisso com a execução das decisões anunciadas. As reuniões costumam ser demoradas, especialmente se o chefe é do tipo que gosta de falar bastante. Geralmente duram mais de duas horas. Se alguém apresenta uma ideia nova, ela só é discutida se o chefe se sentir à vontade com isso. As críticas são evitadas, pois costumam ser levadas para o lado pessoal e geram ressentimentos. Frequentemente o chefe comunica que essa ideia merece ser examinada com mais cuidado, delega para alguém fazer um estudo mais apurado e pede que se volte ao tema numa próxima reunião. Na verdade, fica entendido que o estudo será apresentado ao chefe em particular e só voltará à próxima reunião se o chefe concordar com as conclusões.

Creio que não é preciso dizer que a cultura de Pirâmide Social é muito comum nas empresas nacionais e mesmo nas subsidiárias brasileiras de empresas estrangeiras. Uma filial brasileira de uma empresa americana geralmente tem uma mistura das culturas de Competição e de Pirâmide. A composição dessa mistura depende muito do estilo do líder da empresa no Brasil, que pode ser mais inclinado a um tipo de cultura ou ao outro.

Quem vem de uma cultura diferente pode estranhar bastante esses comportamentos. É preciso entender os valores que sustentam essas culturas e sua lógica. Nenhuma cultura é necessariamente melhor do que outra. Empresas bem sucedidas muitas vezes possuem culturas totalmente opostas entre si. O problema acontece quando as pessoas não entendem a cultura em que estão inseridas, ou quando há um conflito entre a cultura da organização e a cultura vigente no mercado, ou entre a cultura desejada pelos líderes e aquela que realmente existe nos níveis operacionais.

A cultura afeta não apenas a maneira de conduzir reuniões; ela afeta tudo aquilo que se faz, do recrutamento de funcionários à avaliação de desempenho, da definição de metas às políticas de remuneração.

39. Organizações Públicas

Entrevista de Fernando Lanzer para a ABRH/RS:

1.É possível identificar traços da cultura de gestão pública em todo país? Quais seriam esses traços e como eles ajudam para eficácia ou inépcia do setor público?

Existe um conceito popular, generalizante e injusto, de que as entidades do serviço público são todas ineficientes, burocráticas e ineficazes. A vida real é mais rica, diversificada e complexa do que isso. Existem organizações públicas eficientes, eficazes e ágeis; existem outras que não são nada disso.

De onde vem o estereótipo da instituição pública mal gerida e mal funcionante? Vem de clientes e usuários que foram mal atendidos e de funcionários públicos desmotivados e insatisfeitos com seu ambiente de trabalho. A partir de certas experiências desagradáveis fora e dentro dessas instituições, se criou o conceito generalizado de que todas são mal geridas e desmotivadoras.

Na verdade, existem seis tipos básicos de cultura organizacional, em todo o mundo. Podemos dizer que qualquer organização, pública ou privada, tem uma cultura que é uma combinação desses tipos; algumas chegam a ser claramente enquadradas num desses tipos.

O estereótipo do serviço público brasileiro é que as nossas instituições públicas têm culturas do tipo "Pirâmide Social": são hierárquicas, corporativistas, não enfatizam o desempenho nem o mérito, andam devagar e evitam os riscos, são burocráticas e normativas, não estimulam a iniciativa e a responsabilidade individual.

Por outro lado, existe uma visão idealizada de que as organizações privadas têm culturas do tipo "Competição": são mais igualitárias, valorizam o indivíduo, enfatizam o desempenho e o mérito, andam mais rápido e correm riscos calculados, são mais ágeis e flexíveis, reconhecem a iniciativa e a responsabilidade individual. Essa visão idealizada é reforçada pela ideia enganosa de que a meritocracia é sempre boa. No Brasil, frequentemente são citadas as empresas americanas como um exemplo de meritocracia que deveríamos seguir.

Como eu disse, a vida real é mais complexa. Existem órgãos públicos que têm um pouco de Pirâmide e um pouco de Competição. E existem empresas privadas que têm um pouco de cada. Existem variações disso no mundo inteiro, inclusive nos Estados Unidos.

2. Na sua opinião, qual é o principal desafio na gestão pública?

O mais importante nisso tudo é começar com um diagnóstico que descreva como é a cultura atual da nossa instituição e como nós gostaríamos que ela fosse; para a partir daí implantar um conjunto de ações que transformem a cultura atual na cultura desejada.

Existe uma queixa comum nas entidades públicas de que o gestor tem as mãos amarradas, não dispõe de instrumentos para motivar seu pessoal, uma vez que não tem autonomia para recompensar, punir, promover e demitir. Sem essa autonomia, seria impossível gerenciar. Isso não é verdade. Em outros países, principalmente na Europa, os gerentes de empresas privadas também não possuem essa autonomia para fazer tudo como quiserem, incluindo promover e demitir a seu bel prazer. Apesar disso, as organizações públicas e privadas funcionam, sendo que algumas são líderes mundiais nos seus setores.

O mito brasileiro de que é impossível fazer uma gestão eficaz de órgãos públicos serve de desculpa para os gestores incompetentes. É preciso acabar com essa desculpa, desmascarar esse mito. Precisamos valorizar os gestores competentes do nosso setor público: eles existem e travam uma luta inglória contra os estereótipos, precisam de apoio e reconhecimento para continuar lutando. Precisamos desenvolver um modelo de gestão singularmente nosso, sem copiar nem americanos nem europeus. Precisamos desenvolver nossa própria identidade organizacional, tanto no setor público como no setor privado. É possível gerir e motivar pessoas usando outros instrumentos além da promoção e demissão.

40. Revista Melhor: Fusões e Aquisições

Entrevista realizada por Fernando Lanzer para a revista "Melhor", de São Paulo.

O choque cultural entre empresas após fusão ou aquisição realmente existe? É raro ou comum?

O choque cultural existe sim e é tão maior quanto o contraste entre as culturas envolvidas. Hoje em dia é possível "medir" as culturas das organizações usando diferentes instrumentos e medir também a diferença entre duas ou mais culturas. Desta forma, é possível prever se o choque será grande, médio ou pequeno. Algum choque, por menor que seja a diferença, sempre haverá. Portanto, podemos dizer que o choque é comum, o que varia é a sua intensidade.

Existem seis tipos básicos de cultura organizacional: Competição, Engrenagem, Rede, Pirâmide, Sistema Solar e Família. Quando a fusão/aquisição acontece entre empresas do mesmo tipo, o choque é menor. Quando ocorre entre culturas de tipo diferente, o choque é maior.

Competição: baseada na meritocracia e no desempenho, com muita competição interna. (ex: Ambev)

Engrenagem: valoriza a organização de processos e estruturas eficientes. (ex: Volkswagen)

Rede: prioriza o relacionamento com clientes e a autonomia de diferentes unidades e produtos. (ex: Unilever)

Pirâmide: mais hierárquica, valoriza a lealdade à empresa e aos seus líderes (ex: Votorantim e a maioria das empresas brasileiras, privadas e públicas).

Sistema Solar: dominada por uma tensão entre comando centralizado e luta das unidades por maior autonomia (ex: Santander, Telefônica)

Família: valoriza o relacionamento mais do que as estruturas formais; lealdade maior às pessoas do que à organização (ex: a maioria das empresas chinesas e indianas).

É possível evitar este choque, ou minimizar?

Sabendo o grau da diferença e em que aspectos as duas culturas estão mais próximas ou mais distantes uma da outra, é possível sim minimizar bastante o choque. Quanto mais cedo se começar o processo de integração das duas culturas, melhor. O ideal seria medir as diferenças antes da fusão/aquisição ser decidida. Conforme o caso, poderia ser decidido até mesmo não fazer o negócio, se a diferença for muito grande. O maior problema é que as fusões e aquisições costumam ser decididas com base em aspectos financeiros, apenas, na maioria dos casos. Depois de decidido o negócio é que se pensa em como fazer a integração e às vezes só depois de começar a integração operacional é que as pessoas se dão conta de que o maior empecilho é a diferença de cultura. Aí o problema já pode ter se tornado maior, com animosidades de parte a parte, talentos deixando a empresa, pressão sobre o desempenho daqueles que ficaram... Fica tudo mais difícil de arrumar.

O importante é reconhecer como é cada uma das duas culturas anteriores ao negócio; e definir qual é a terceira cultura, a cultura desejada depois do negócio realizado.

Quais são os riscos de uma adaptação de culturas mal feita? Pode colocar o sucesso de uma operação em risco?

Sem dúvida! Aliás, alguns grandes fracassos (ex: Chrysler e Mercedes-Benz; AOL e Time-Warner; Autolatina; aquisição do Bankers Trust pelo Deutsche Bank) estão diretamente atribuídos a diferenças na cultura de gestão mal administradas. Outras operações eventualmente foram bem sucedidas, mas foram a causa de sérios problemas durante os primeiros três anos do novo negócio (ex: Chase e Chemical Bank; HP e Compaq; Unibanco e Nacional). O choque cultural é caracterizado por uma sensação de que "essa não é mais a minha empresa". As pessoas decidem sair e os primeiros a sair tendem a ser os mais talentosos, pois estes têm mais oportunidades no mercado de trabalho. Os que ficam tendem a ser os que têm menos capacidade de se re-empregar com facilidade. Além disso, os que ficam se tornam desmotivados, trabalham apenas o mínimo para não serem mandados embora. A queda de produtividade desses dois fatores somados (evasão dos melhores e desmotivação dos que sobram) pode facilmente chegar a 40% ou mais. Essa é a diferença entre dar lucro ou prejuízo.

Quais cuidados a empresa deve tomar em relação à cultura empresarial nestes casos?

O resumo do que fazer é o que é chamado de "re-recrutamento". A empresa resultante da fusão ou aquisição é uma empresa nova, diferente do que eram as duas empresas antes do negócio. Essa nova empresa precisa recrutar novamente todo o seu pessoal, fazer um novo "contrato psicológico" com cada um. Precisa se apresentar ao seu pessoal como se fossem candidatos no mercado e seduzí-los para trabalharem na nova empresa. Precisa também honrar o passado das empresas anteriores, não pode negar o passado. Deve trabalhar o luto que as pessoas sentem pelo passado de cada empresa, mas ajudá-las a olhar para um futuro promissor, criado a partir do passado que não existe mais. Negar que a cultura é um problema que exige atenção é suicídio empresarial: o problema vai crescer e terminará por consumir o novo empreendimento.

Como fazer este processo e o que levar em conta?

A questão cultural precisa ser colocada na mesa: devem ser criadas reuniões, seminários, fóruns de discussão, para que a cultura desejada e as culturas anteriores das organizações envolvidas possam ser discutidas abertamente. Essa discussão deve ser conduzida de forma prática e não teórica. Falar sobre "cultura" pode parecer um conceito abstrato demais. As pessoas querem saber aspectos mais tangíveis, do tipo: qual é a estratégia de negócios da nova organização? Quem será valorizado na empresa? O que devo fazer para ser reconhecido? Como vai ser a comunicação interna? O que será considerado um "bom desempenho"? Essas questões precisam ser discutidas amplamente.

O resultado dessa discussão será uma visão a respeito de "que tipo de empresa queremos ser", ou seja: "como é nossa cultura desejada". A partir daí, será possível construir a cultura desejada, na prática, através de políticas e comportamentos que sejam consistentes com essa "cultura desejada". O mais importante disso tudo é o comportamento dos líderes. As pessoas não seguem políticas, as pessoas seguem o exemplo dos líderes.

As empresas em geral têm esta preocupação, ou se concentram mais em outros aspectos, como financeiro, passivos, etc.?

Como eu disse antes, geralmente as empresas não têm essa preocupação ao discutir o negócio. Abordam apenas os aspectos financeiros, o passivo trabalhista, a condição dos equipamentos e instalações. Só examinam a cultura depois que percebem que as coisas não estão acontecendo de acordo com as expectativas. Muitas vezes o problema já se transformou numa crise e é tarde demais para evitar o prejuízo.

Queria perguntar também como se identifica o tipo de cultura de cada empresa (conforme os tipos que você falou). Como se faz para avaliar isso? Quais processos são usados?

Existem questionários especializados para medir a cultura organizacional de acordo com esses tipos, é uma tecnologia do ITIM – *"Institute for Training Intercultural Management"*, do qual eu faço parte. Os questionários permitem medir cinco dimensões culturais: Distância de Poder (DDP), Individualismo (IDV), Orientação Para Desempenho (ODP), Controle da Incerteza (CDI) e Orientação de Longo Prazo (OLP). A combinação dos escores nessas cinco dimensões resulta nos seis tipos que eu mencionei.

Também é possível usar um método mais simples, trabalhando com a diretoria de uma empresa ou com grupos de gestores que formem uma amostra representativa da empresa. Um grupo desses, reunidos por um dia, faz uma avaliação da cultura da empresa segundo os seis tipos, sem precisar aplicar o questionário em centenas de empregados.

A cultura do tipo Competição é muito típica de empresas americanas, embora a Brahma também tivesse e a Ambev, que sucedeu a Brahma, tenha essa cultura também. Se caracteriza por uma estrutura "flat", de poucos níveis hierárquicos (baixa DDP), onde se valoriza a responsabilidade individual (alto IDV) e o desempenho (alta OPD). Em geral essas empresas têm baixo CDI (lidam bem com o risco) e baixa OLP (valorizam metas de curto prazo, mensuráveis, resultados trimestrais).

A cultura do tipo Engrenagem é típica de empresas alemãs e suíças. O que as diferencia do tipo competição é que valorizam muito o planejamento detalhado, os processos, estruturas, a organização do trabalho conforme padrões, e são mais avessas ao risco.

Já a cultura do tipo Rede é típica de empresas holandesas e escandinavas. O que as diferencia dos dois tipos anteriores é que a ênfase no desempenho é menor, elas costumam valorizar mais o bem-estar dos funcionários e a gestão participativa.

A Pirâmide é típica das empresas brasileiras: uma hierarquia bem clara onde manda quem pode e obedece quem tem juízo; e um estilo que facilmente cai no paternalismo. Alta DDP, baixo IDV (valorizam mais as equipes, a camaradagem). As metas mensuráveis não são tão valorizadas quanto o posicionamento no mercado, o relacionamento com os clientes, a flexibilidade.

O Sistema Solar é o tipo onde existe alta DDP, alto IDV e alta OPD.

Se chama "sistema solar" porque existe um chefe centralizador que funciona como se fosse um "sol". Todos os outros chefes são também "planetas" com seus satélites; cada um toca a sua unidade ao seu estilo próprio, embora jurem obediência ao "sol", na sua presença. Mas quando o chefe se ausenta, cada chefe de unidade re-interpreta as instruções recebidas, de uma forma diferente.

Por fim o estilo Família é também muito hierárquico, mas a estrutura informal é mais forte do que a formal. Quem realmente toca a empresa pode não ser o presidente, mas sim um dos diretores mais antigos, ou o diretor de produção.

Entre estes 6 tipos que você mencionou, existem alguns que combinam melhor ou pior entre si? Poderia dar exemplos de combinações que são menos complicadas, dentro deste modelo? Algumas destas são complementares?

Os estilos que melhor combinam um com o outro são o Pirâmide e o estilo Família. Ambos muito hierárquicos, valorizam as equipes mais do que o desempenho individual e têm muita flexibilidade. Em ambos o relacionamento e a lealdade são mais valorizados do que as metas mensuráveis.

Também existem casos documentados de fusões entre empresas do estilo Competição e estilo Rede que deram certo. A principal diferença desses dois estilos é a ênfase dada no desempenho, ou o grau de meritocracia. O resultado pode ser uma empresa mais equilibrada nesse aspecto: nem uma cultura *workaholic*, de um lado, nem uma cultura *country club*, de outro. A Shell é um bom exemplo dessa combinação desses dois tipos.

Todos os outros estilos geram conflitos numa fusão ou aquisição que "cruza" estilos diferentes.

Uma empresa do tipo Competição ao adquirir outra do tipo Engrenagem (ex: Chrysler e Mercedes) vai descobrir coisas em comum: ambas valorizam estruturas menos hierárquicas, reforçam a responsabilidade individual e o desempenho. Todavia, as empresas Engrenagem valorizam o planejamento detalhado e as Competição desprezam o planejamento, acham uma perda de tempo, encorajam a ação, a iniciativa. Essa diferença gera grandes conflitos.

Na prática, o que poderia ser visto como "complementaridade" só funciona como tal se as diferenças forem entendidas e trabalhadas conscientemente. Aí sim, cada lado pode aprender com o outro e o resultado será uma empresa melhor, mais completa do que as duas anteriores. Caso contrário, reina o desentendimento e o caos.

41. Fusões e Aquisições

A realidade hoje é que a maneira mais rápida de uma empresa sobreviver, crescer e perpetuar-se (como diria Norberto Odebrecht) é adquirindo outras empresas. Os exemplos abundam, mas são mais evidentes nos negócios bancários e entre os supermercados. Crescer organicamente, abrindo novas filiais pode levar meses, anos. No entanto, ao comprar um concorrente menor, um supermercado passa a ter 50 novas filiais em 24 horas.

As aquisições e fusões são percebidas como acontecimentos traumáticos pelos funcionários envolvidos, tanto os do comprador como os da empresa adquirida. Principalmente na nossa cultura paternalista, essas ocorrências adquirem contornos traumáticos. É como se o seu pai chegasse em casa um dia dizendo: "Meu filho, decidimos vender a casa, você e sua irmã para o vizinho do outro lado da rua. Vocês agora fazem parte da família deles e nós vamos pegar o dinheiro e fazer uma longa viagem de férias."

O sentimento dos funcionários do comprador é também, no mínimo, de constrangimento e desconforto. De repente o seu pai chegou com crianças novas debaixo do braço e disse: "Esses são seus novos irmãos que acabei de comprar. Eles agora fazem parte da nossa família e vamos dividir tudo que temos também com eles."

Não é de admirar que a maioria das aquisições não é bem sucedida. Embora fusões e aquisições sejam cada vez mais frequentes (às vezes são a única opção estratégica, não há alternativa), cerca de 60% delas não produzem o retorno esperado.

Na quase totalidade dos casos, uma aquisição é decidida por razões financeiras... e fracassa por razões de recursos humanos. Parecem aqueles "casamentos de conveniência" de antigamente. No século 21 não há mais lugar para casamentos de conveniência e nem espaço para aquisições e fusões que desconsiderem as questões de cultura organizacional.

Ao adquirir outra empresa, o comprador não está absorvendo apenas equipamento, instalações, ativos financeiros. Está assumindo a capacidade produtiva, os relacionamentos com clientes e fornecedores, as ligações s com a comunidade, que são realizados por pessoas. O capital humano é o mais valioso das empresas e no entanto a contabilidade (ainda medieval) não consegue expressar seu valor de forma tangível.

Ignorar a melhor forma de administrar o capital humano de uma empresa recém adquirida é burrice, é irresponsabilidade. No entanto, os exemplos abundam...

Os funcionários recém adquiridos precisam ser "re-recrutados" para fazer parte da nova organização. Um novo pacto de lealdade recíproca precisa ser estabelecido entre a nova organização que se está formando e seu quadro de pessoal. E isso envolve todo o quadro, inclusive os da empresa compradora.

A empresa precisa tratar a todos com o respeito e a dedicação devidos a um candidato a emprego cobiçado por seu talento e potencial. Precisa reafirmar seu propósito estratégico e formular novamente o **convite**: "você quer trabalhar conosco? Nós gostaríamos que você se juntasse ao nosso time."

O erro mais comum é se deixar levar pela "arrogância do comprador". Achar que só quem comprou sabe como fazer as coisas... Esse é um atalho para o fracasso.

Um amigo meu teve sua empresa comprada por uma companhia europeia. Na primeira reunião, explicou como funcionava o principal sistema de processamento. O comprador criticou, arrogante: "Não pode ser assim. Sua explicação só pode estar errada, o que você diz não faz sentido."

Meu amigo passou três dias, em reuniões sucessivas, explicando como as coisas funcionavam no Brasil e como o sistema utilizado tinha, sim, uma lógica consistente com as circunstâncias legais e de mercado no nosso país. Ao final do terceiro dia, o comprador se convenceu. "Realmente, você estava certo. Agora entendo que o sistema realmente precisa funcionar assim".

Meu amigo concluiu a conversa: "Muito bem, cumpri com minha obrigação profissional ao ensinar a vocês como o sistema funciona. Agora peço demissão, pois não posso trabalhar com quem demonstra tamanha falta de respeito logo no primeiro encontro. Daqui em diante, tratem de se virar sozinhos". Esse amigo hoje é consultor de vários concorrentes da sua ex-empresa.

Caro leitor, quem age com tamanha arrogância não merece a sua dedicação e o seu talento. Se você for comprado e tratado com arrogância, vá trabalhar em outro lugar. Deixe que esse comprador engrosse as estatísticas das aquisições fracassadas.

42. Talk Show Conduzido por Beatriz Pacheco

A introdução feita por Beatriz Pacheco, da consultoria Plongê:

Recentemente reencontrei um querido colega de trabalho, Fernando Lanzer, ex-VP de RH do ABN AMRO/BANCO REAL, que mora desde 2003 na Holanda e trabalha como consultor em assuntos de liderança e cultura organizacional.
É impossível conversar com o Fernando sem aprender algo novo sobre Cultura, sem dar boas risadas e sem perder a noção da hora. E desta vez não foi diferente. A seguir compartilhamos um artigo no estilo "talk show" que continuamos a escrever virtualmente, após o nosso encontro no Brasil.

Beatriz: Na Conferência de Responsabilidade Social realizada pelo Instituto Ethos nos dias 24 e 25 de Setembro, um dos palestrantes foi questionado por um participante sobre quais eram os líderes que ele tinha como inspiração. Após citar Mandela, Gandhi, Chico Mendes, entre outros, fez uma afirmação que me deixou intrigada. Ele provocou a plateia afirmando que precisamos fortalecer a sociedade para que ela atue como protagonista. Como exemplo, citou os países nórdicos que não possuem líderes de destaque e o empoderamento está na sociedade como um todo. "Lá, a sociedade não precisa de grandes líderes para se sentir representada, pois o maior valor é o "coletivo". Como você vê esta afirmação?

Fernando: Isso é um retrato fiel da cultura nórdica, daquilo que eu chamo "Rede" (nada a ver com a Marina Silva, ela "malufou" o nome...). A Holanda e os países escandinavos têm culturas do tipo "Rede", nas quais existe uma grande valorização da igualdade, ou dizendo melhor: da equivalência. Prefiro falar em equivalência, porque o que existe é uma valorização da diversidade (não somos todos iguais, somos diversos) aliada à equivalência, ou seja: temos todos o mesmo valor. Ninguém vale mais do que os outros, embora sejamos todos diferentes. Isso é um valor muito forte nessas culturas, a tal ponto que existe um certo desdém por aqueles que se sobressaem diante dos demais. A cultura holandesa tem ditados que exemplificam essa noção: "A planta que cresce muito, no campo, é a primeira a ser ceifada".

Para a nossa cultura brasileira isso é contra-intuitivo. A nossa cultura tem um estilo "Pirâmide", onde existe sempre uma hierarquia. Uns valem mais do que os outros. "Manda quem pode e obedece quem tem juízo". Nosso objetivo na vida, segundo aprendemos desde cedo na família, na escola, na comunidade, é "subir na vida".

Nas culturas "Pirâmide" existe uma dependência maior das lideranças, das chefias, das figuras de autoridade. Um líder carismático faz uma revolução. Esse mesmo líder pode se transformar em autocrata ou ditador. As pessoas aceitam isso, idolatram os líderes e dependem deles. Nas culturas de Rede as pessoas são mais autônomas, mais independentes. Veja que nenhuma cultura é melhor do que outra, cada cultura tem seus pontos fortes e fracos, suas vantagens e desvantagens. O ideal seria um equilíbrio dinâmico com o melhor de cada cultura, mas isso é utopia.

O que o seu palestrante estava referindo, imagino, é que no Brasil a gente tende a achar que "a salvação" virá de um grande líder, de um Mandela, de um Gandhi (ambos produtos de culturas hierárquicas). Ao invés de assumirmos nossa própria responsabilidade em fazer acontecer, ficamos à espera de alguém que venha nos conduzir. Achamos que o protagonista é o líder e nos colocamos no papel de coadjuvantes. Na Rede cada um se sente responsável e a liderança costuma ser rotativa e alternada. Todo mundo é líder, todo mundo expressa opinião. O papel de líder, na prática, é exercido por pessoas que se tornam coordenadores, facilitadores, pessoas que ajudam os indivíduos a chegar a um consenso. Quando um líder se destaca demais, as pessoas terminam por criticá-lo e rejeitá-lo. "Ele não é melhor do que nós! Quem ele pensa que é? Não é melhor do que ninguém".

Beatriz: Como a cultura constrói a noção de liderança?

Fernando: O papel de líder, em qualquer cultura, é assumido por quem "mostra o caminho a seguir" para um grupo de pessoas. Essa é uma definição universal geralmente aceita. O que a gente não se dá conta é que a cultura, sendo um conjunto de normas e valores compartilhados, embora muitas vezes de maneira implícita, não escrita, a cultura influencia que tipo de líder é aceito e consagrado pelo grupo, seja esse grupo uma equipe, uma empresa ou um país. Diferentes culturas aceitam e promovem

242

diferentes tipos de líder. Os americanos gostam de líderes que sejam heróis. Os alemães preferem líderes que botem ordem na casa, que sejam organizadores; e assim por diante. Todas as culturas lidam com os mesmos dilemas, mas cada cultura resolve esses dilemas de maneira diferente. O primeiro dilema (não existe uma ordem de dilemas, mas para falar a respeito fica mais fácil falar de um por vez) é o da hierarquia versus equivalência. Algumas culturas são mais hierárquicas, ou seja, consideram que é natural que algumas pessoas tenham mais poder do que outras. Isso vale tanto para organizações como para grupos e também para nações. Essas culturas gostam de líderes fortes, diretivos, que exerçam autoridade. O tipo preferido é o pai benevolente, mas precisa mostrar força. Um pai severo vem a seguir, na preferencia dessas culturas. É melhor do que um líder fraco, alguém percebido como fraco. Nas culturas igualitárias ocorre o inverso. O líder forte não é aceito pelo grupo, ele é contestado e rejeitado. O grupo aceita e promove alguém que tenha um estilo mais igualitário, de coordenador, alguém que pareça mais modesto e sempre destaque a importância de todos os integrantes do grupo, sem destaque para uns em detrimento de outros. Do ponto de vista do líder, é muito mais fácil ser chefe no Brasil do que ser chefe na Dinamarca, por exemplo. Aqui no Brasil os líderes são menos contestados. Na Dinamarca ninguém dá "chave de galão"; lá o líder precisa realmente ouvir a todos, mediar as opiniões divergentes, propor um consenso e convencer os outros a aderirem, um por um, a esse consenso. Nesse processo, que é demorado, o líder tem que ceder em relação a sua própria proposta até chegar a alguma coisa que todos aceitem. As decisões são mais demoradas, mas o resultado final é algo que todos endossam, na medida em que se sentiram participando ativamente do processo decisório.

Beatriz: As soluções para os desafios globais enfrentados pela Humanidade, tais como mudanças climáticas, degradação ambiental, inclusão social, entre outros, exigirão cada vez mais a cooperação entre países e a inserção da perspectiva de longo prazo na tomada de decisão. Que desafios culturais enfrentaremos para construir estas soluções conjuntas?

Fernando: O primeiro desafio é aceitar a diversidade de valores existentes no mundo. Isso implica em aceitar a multilateralidade ao invés da bilateralidade. Pensar que no mundo só existem sempre dois pontos de vista, uma tese e uma antítese, é uma visão romântica da realidade. Seria tudo mais simples se fosse assim, mas na vida real existem sempre múltiplos conflitos de interesse, múltiplos dilemas em jogo ao mesmo tempo. Eu falei do dilema entre hierarquia e equivalência; esse é apenas um deles. Existem outros, como a liberdade individual versos o bem comum; o desempenho versus cuidar dos outros e da qualidade de vida; a disciplina versus a flexibilidade, entre outros. Todos esses dilemas existem em cada cultura e são resolvidos de maneira distinta, formando a cultura de um grupo; e esses valores influenciam o nosso comportamento simultaneamente em cada situação.

Na hora de sentar e discutir a crise do meio-ambiente, o representante americano está percebendo a situação de acordo com o seu próprio filtro cultural, ele está usando o que eu chamo de "óculos culturais", lentes coloridas por sua própria cultura. Já o representante da China tem um par de óculos diferentes, o do Brasil veste um terceiro par e assim por diante. Os americanos consideram "longo prazo" tudo aquilo que ultrapassa 90 dias; já os chineses consideram "longo prazo" somente aquilo que dura mais de uma ou duas décadas. Em 2008, por exemplo, quando houve a crise financeira internacional, os chineses propuseram abandonar o dólar como referência internacional e criar uma "cesta de moedas" composta pelo dólar, pelo Euro, pelo renmibi chinês e pelo Yuan japonês. Os americanos responderam que não havia necessidade de discutir isso, pois o dólar certamente continuaria forte até o final do ano... mas os chineses estavam pensando em 2020, não em dezembro de 2008! Em 2014 a professora chinesa Ann Lee esteve no Brasil e declarou que a implantação de uma democracia plena na China ainda iria demorar um pouco. Quanto tempo? "No mínimo algumas décadas", ela disse.

É um verdadeiro milagre que consigam chegar a um acordo sobre qualquer assunto, pois cada um vê as questões sob um prisma diferente. A grande vantagem que temos hoje, no século 21, é que temos pesquisas que explicam essas diferenças e isso nos ajuda a entende-las. Hoje eu sei que a cultura americana é uma cultura do tipo "Competição" voltada para o curto prazo e eu sei que tipo de argumentos poderão sensibilizar os americanos. São argumentos diferentes daqueles que poderão sensibilizar o representante da França, por exemplo.

O segundo desafio passa a ser entender o outro. O alemão não está sendo chato, está sendo apenas alemão, está agindo conforme os valores predominantes da sua cultura e eu agora sei quais são esses valores, consigo me colocar no lugar dele. A nossa conversa pode então mudar de patamar, na medida em que cada um consiga entender o outro.

O terceiro desafio é, reconhecendo que as diferenças existem, entendendo os valores do outro, como chegar a um modo de agir que seja aceitável para todos. Não vamos transformar os sírios em americanos e nem vice-versa, mas podemos cada um entender o outro e combinar uma coexistência pacífica. Todo mundo quer paz e sustentabilidade, vamos procurar uma forma aceitável para todos de atingir esses objetivos.

Beatriz: Conhecendo muito bem a cultura empresarial brasileira, que recomendações você daria para as empresas nacionais que estão se globalizando e instalando operações em outros países?

Fernando: O que é bom para o Brasil não é bom para o resto do mundo, ou não necessariamente. O primeiro passo é entender a própria cultura, a cultura da sua própria organização. A sua empresa é mais do tipo Pirâmide? Rede? Engrenagem? Competição? Existem seis ou sete tipos e uma empresa pode ter uma combinação deles. Vale perguntar também como você gostaria que fosse a sua cultura organizacional, mas essa é uma outra conversa, como mudar a cultura organizacional.

O segundo passo é entender a cultura onde sua empresa vai operar. Algumas culturas são mais diferentes do Brasil do que outras. Em geral, temos mais facilidade em operar na América Latina e mais dificuldade nos Estados Unidos, por exemplo. A vantagem é que hoje em dia nós sabemos não apenas que os americanos (ou os alemães, por exemplo) são diferentes, nós sabemos também de que maneira eles são diferentes. Com isso sabemos o que é preciso adaptar na nossa maneira de negociar, de lidar com fornecedores, de atender os clientes, de se relacionar com a comunidade. Cada cultura é um universo distinto, mas hoje é possível entender esse universo, desde que a gente se disponha a manter a cabeça aberta; e é possível funcionar bem nele, basta ter flexibilidade para adaptar nossa forma de agir. Existem pesquisas sobre as características de uma centena de países, isso ajuda muito.

A principal recomendação é: não fique furioso, seja curioso!

Referências

Adams, Douglas – "The Hitchhiker's Guide to the Galaxy", Londres: William Heineman, 1995.

Akerlof & Shiller – "Animal Spirits: How Human Psychology Drives the Economy", New York: Princeton University Press, 2009.

Barnes, Peter – "The Ruling Class", London: Bloomsbury Methuen Drama, 1989.

Damásio, António - "O erro de Descartes", São Paulo: Companhia das Letras, 1996.

Deutscher, Guy – "Through the Looking Glass - Why the World Looks Different in Other Languages" London: Picador, 2011.

Freud, Sigmund – "The Interpretation of Dreams", New York: Avon Books, 1965.

Ghoshal, Sumantra – "Transnational Management", New York: McGraw Hill, 1992.

Hofstede, Geert et al. – "Cultures and Organizations", New York: McGraw-Hill, 2010.

Kets De Vries, Manfred – "Organizations on the Couch", London: Jossey Bass, 1991.

Lanzer, Fernando – "Cruzando culturas sem ser atropelado," São Paulo, Évora, 2013.

Lanzer, Fernando – "Tire Os Seus Óculos", São Paulo: Create Space 2013.

Maslow, Abraham H. *Towards a Psychology of Being.* Sublime Books, 2015.

Mc Keon, Richard. *The basic works of Aristotle*. London: Modern Library, 1941.

Parker, Chris e Marlier, Didier - "Engaging Leadership", London, Palgrave MacMillan, 2009.

Peters, Thomas; and Waterman, Robert H. *In Search of Excellence*. New York: Harper Business, 2012.

Porter, Michael. *Competitive Advantage.* New York: Free Press, 1998.

Schein, Edgar H. And Van Maanen, John. *Career Anchors*. New York: John Wiley & Sons, 2013.

Toffler, Alvin – "Powershift: Knowledge, Wealth and Violence at the Edge of the 21st Century", New York: Bantam, 1990.

Toffler, Alvin – "O Choque do Futuro", São Paulo: Editora Record, 1971.

Toffler, Alvin – "A Terceira Onda", São Paulo: Editora Record, 1980.

Van Praag, Erik. *Spiritual Leadership.* London: Paraview Special Editions, 2004

Wursten, Huib e Lanzer, Fernando - The EU: the third great European cultural contribution to the world" artigo disponível no site www.itim.org

Sobre os autores

Fernando Lanzer começou como consultor há mais de 30 anos e logo foi absorvido por um cliente, tornando-se gestor de Recursos Humanos num banco ainda jovem demais para saber no que estava se metendo. Uma década mais tarde a história se repetiu e assim ele viveu uma carreira entre a consultoria e as funções executivas de RH. Trabalhou principalmente em Porto Alegre, São Paulo e em Amsterdã, onde mora desde 2003. Foi diretor do Banco Iochpe, do Banco Real e *Executive Vice-President, Global Group Head of Leadership and Learning* do ABN AMRO.

Fernando viaja com frequência a diferentes cantos do mundo ajudando empresas e profissionais a lidar com questões de gente e gestão de mudanças, principalmente em termos de gestão transcultural, Desenvolvimento Organizacional e desenvolvimento de lideranças. Desde 2008 integra a rede de consultores ITIM. Presidiu o *Supervisory Group* da *AIESEC International*, a maior entidade organizadora de estágios internacionais do mundo.

Não era com frequência, mas sempre onde menos se espera.

Pode ser contatado nos seguintes endereços virtuais:
www.LCOpartners.com
Fernando@LCOpartners.com
Fernando@ITIM.org
Fernandolanzer.com

Jussara Pereira de Souza é psicóloga, morando na Holanda desde 2003. Teve uma carreira extensa na área de Recursos Humanos, no Brasil e no exterior, como executiva e como consultora de organizações, dedicando sua atenção à gestão de talentos, avaliação e *coaching* intercultural, assessoria e desenvolvimento de executivos e Desenvolvimento Organizacional.

Trabalha de forma independente e muitas vezes também em parceria com o *KIT – Royal Tropical Institute* de Amsterdã, bem como com instituições superiores de ensino na Europa e no Brasil.

Em 2014 retomou uma carreira paralela como artista no ramo da fotografia, tendo publicado vários livros e realizado exposições de seus trabalhos em diferentes cidades da Holanda. Um *hobby* de muitos anos evoluiu para uma carreira artística internacional de repercussão envolvendo três continentes.

Pode ser contatada nos seguintes endereços virtuais:

www.LCOpartners.com
Jussara@ITIM.org
itimbrazil@hotmail.com
jussaranpsouza@outlook.com

Fernando e Jussara são gaúchos de Porto Alegre, ele gremista e ela colorada; casaram em São Paulo em 1992, onde moraram por dez anos e vivem em Amsterdã desde 2003. Partindo de sua base holandesa, viajam pelo mundo, às vezes juntos e muitas vezes separados, ajudando pessoas e organizações a serem mais eficazes e a se tornarem melhores locais de trabalho para talentos internacionais.

Leia também, de Fernando Lanzer e Jussara Pereira de Souza:

"Para Entender a Cultura Brasileira", São Paulo: CreateSpace, 2016.

Uma conversa divertida, ao mesmo tempo bem-humorada e profunda, entre os dois autores que maior experiência prática acumularam na gestão transcultural de brasileiros e profissionais de outras culturas, falando sobre os valores subjacentes da cultura brasileira e como esses valores influenciam o comportamento nacional em termos de política, economia, gestão de negócios e cultura popular.

Uma viagem pelos cenários da cultura brasileira abrindo nossos olhos para enxergarmos a nós mesmos com outra perspectiva. Uma revelação instigante e enriquecedora, de grande valor para a construção de uma nova identidade nacional no mundo globalizado do Século 21.

Um guia instigante para as novas gerações de empreendedores e profissionais brasileiros e estrangeiros trabalhando no Brasil.

Outros livros de Fernando Lanzer:

"Cruzando culturas – sem ser atropelado: Gestão Transcultural para um mundo globalizado" São Paulo: Editora Évora, 2013.

Lanzer aborda com humor e irreverencia as diferenças entre culturas nacionais e como essas diferenças influenciam o comportamento das pessoas na gestão de negócios e em situações de trabalho. Vai mais fundo do que as diferenças de etiqueta. Na verdade, sequer aborda essas diferenças mais superficiais, sobre apertos de mão, reverências e beijinhos no rosto. Ao invés disso, examina os valores subjacentes que determinam como os gerentes administram subordinados, como as pessoas se comunicam, o que é considerado prioridade e o que cada cultura valoriza e deixa em segundo plano.

O livro está recheado de exemplos reais, vividos e/ou colhidos pelo autor em sua longa experiência como consultor internacional. Tais exemplos referem-se a seis países representativos de diferentes tipos de cultura: os Estados Unidos e a Inglaterra (cultura anglo-saxônica), a Alemanha (cultura germânica), a Holanda (representando a cultura holando-escandinava), a China (cultura asiática) e o Brasil (cultura latino-americana).

Na última seção do livro Lanzer aborda algumas questões frequentemente levantadas nas palestras e seminários que costuma liderar, e que dizem respeito às mudanças culturais, à relação entre cultura e religião e aos grandes dilemas que cada cultura busca resolver. Esses dilemas são universais; o que os diferencia é justamente o fato de que cada cultura buscou um caminho diferente para resolve-los e, com isso, traçou suas características singulares.

"Tire os Seus Óculos" São Paulo: Create Space, 2013

Coletânea de artigos provocantes e bem-humorados escritos como comentários sobre acontecimentos do nosso tempo. Se referem a coisas que são relevantes para pessoas com alguma consciência sobre o mundo que existe lá fora, muito além da sua rua, do seu bairro, da cidade em que moram e trabalham, da cultura na qual foram criadas.

Ao mencionar "do nosso tempo" o autor se refere a todos nós que temos um interesse por essas coisas: política, cultura e questões da vida no sentido lato.

Esperamos que você goste desses artigos e que sua leitura provoque alguma emoção: alegria, desprezo, raiva... E talvez provocar também algumas reflexões, despertar curiosidade e ainda um desejo de fazer alguma coisa em relação àquilo que é importante para você: quer seja brincar com seus filhos ou protestar pelas ruas em passeata; ser um gestor mais eficaz ou incrementar seu profissionalismo. Pensar e sentir são coisas importantes, mas acreditar em valores e **agir** com base nesses valores, nas suas emoções e no seu raciocínio é o que ajudará a fazer desse mundo, um mundo melhor.

Em última instância, foi por isso que Fernando Lanzer escreveu esses artigos: para compartilhar com você, na esperança de que agreguem algum valor. Talvez o valor agregado seja apenas um sorriso, aqui e ali—se isso acontecer, já será o suficiente. Sorrir é algo que todos deveríamos fazer com mais frequência!

"Bedtime Stories for Corporate Executives", New York: CreateSpace, 2015.

"The Meaning Tree", New York: CreateSpace, 2015.

Outros livros de Jussara Pereira de Souza:

"São Paulo Mirrors: Hidden beauty of a concrete jungle", Amsterdam: Blurb, 2014.

As melhores fotografias feitas por Jussara Pereira de Souza sobre os prédios espelhados de São Paulo. Uma seleção das obras expostas na Holanda, apresentadas num livro de grande beleza.

"Magic Sea", Amsterdam: Blurb, 2014.

Seleção de fotografias feitas na beira do mar da Califórnia, em *Venice Beach*, explorando a beleza natural daquela praia do Oceano Pacífico. Uma poesia visual sobre o mar, as algas e a areia da praia.

"Garopaba Distorcida", Amsterdam: Blurb, 2015.

Conjunto de fotos que compõem a trilogia "Reflexos" de Jussara Pereira de Souza, incluindo obras até aqui inéditas feitas na praia de Garopaba, em Santa Catarina.

"Oranje Celebration: The Dutch King's & Queen's Day", Amsterdam: Blurb, 2015.

Uma apresentação do mundo cor-de-laranja em que se transforma a Holanda nas comemorações anuais do "Dia da Rainha" (até 2013) e do "Dia do Rei (a partir de 2014, quando Willem Alexander foi coroado). A maior festa anual da Holanda, vista pelos olhos da artista que mora lá desde 2003.

"Ladies from Hermitage", Amsterdam: Blurb, 2015.

Uma visão inusitada do Museu Hermitage, focando as senhoras vigilantes que cuidam da segurança do museu. Uma obra única, criada de forma autônoma e livre da tutela governamental russa.